PARLOIR

CHRISTIAN GIUDICELLI

PARLOIR

récit

ÉDITIONS DU SEUIL
27, rue Jacob, Paris VIe

ISBN 2-02-032614-0

www.seuil.com

Le mauvais lieu

Les peupliers sont les arbres les plus idiots du monde parce qu'ils bordent la route qui conduit à la maison d'arrêt de Fleury-Mérogis. Cette route, baptisée avec une logique primaire l'avenue des Peupliers, traverse une campagne sans aucun relief que l'on a choisie pour y construire un bâtiment bien gris et bien laid, ce genre de truc dont accouche un architecte lorsqu'il s'applique à penser fonctionnel. Une prison n'a pas à être jolie : ce serait une offense à ceux qui souffrent à l'intérieur. Du moins devrait-elle garder l'aspect neutre d'un grand immeuble passe-partout qui ne rappellerait pas aux visiteurs des détenus qu'ils vont entrer dans l'un des cercles de l'enfer.

Vers huit heures du matin, une ou deux fois par semaine, durant plusieurs mois, je gare ma voiture près des peupliers idiots. Du parking, on jouit d'une vue imprenable sur la forteresse bétonnée droit devant à quelques centaines de mètres. Vraiment une image de cauchemar, le pire des cauchemars, celui dont l'effroi naît d'une incessante banalité où l'on se sent enlisé comme dans des sables mouvants. Mon vieil ami (il serait plus que centenaire aujourd'hui), le traducteur Maurice-Edgar Coindreau, m'avait rapporté, s'en amusant, un mot de Julien Green. Réfugiés aux États-Unis à l'époque de la guerre, il leur arriva au cours d'un interminable trajet de partager un compartiment de wagon-lit. À l'aube, Coindreau, encore sur sa couche mais éveillé sans le manifester, vit l'auteur de *Moïra* se lever pour découvrir par la vitre une plaine aussi morne que Waterloo ou Fleury. Il s'écria « Fi ! l'horreur » et tourna dignement le dos.

Dans mon cas, impossible de tourner le dos, je dois au contraire affronter la maison d'arrêt dont, à mesure que j'avance, s'impose davantage la forme mastoc. Je la regarde et murmure « Fi ! l'horreur », histoire d'évacuer le malaise dans un sourire. Un jour, une femme noire, marchant à mes côtés sans que je lui aie prêté attention, m'a entendu :

– C'est à moi que vous parlez ?

– Je parle tout seul.

– Ah ! vous faites votre prière ?

Elle n'a pas compris. Ou peut-être trop bien.

Non. Quoique d'éducation chrétienne, protestant de surcroît, ce qui habitue dès l'enfance à s'adresser régulièrement au Dieu de la Bible comme s'il était de votre famille, je ne prie plus depuis longtemps. Je me borne à rêvasser, opération qui n'a pas besoin du secours de la foi pour se justifier ni de l'apport de l'intelligence pour prendre son élan : elle tente de divertir le pauvre type résigné à ne pas changer ce sale monde, sauf dans sa tête. Bref, conscient de mon piteux état mental, j'imagine à la place des peupliers idiots les palmiers de Tozeur ou de Nefta, les cocotiers d'une île philippine, devant la prison une fontaine à la Bernin et sur ses murs les tags très colorés de petits génies anonymes. L'hiver, comme la nuit tarde à se dissiper, la lueur orange des lampadaires m'oriente vers une solution plus radicale. Ce halo, pareil à celui qui signale au voyageur insomniaque d'un Boeing la présence d'une ville lointaine qu'il ne connaîtra jamais, m'autorise à éliminer l'édifice maudit et à lui substituer sans hésitation l'aéroport international de Fleury-Mérogis. Je sais, les aéroports sont rarement des réussites architecturales mais celui-ci me convient tout à fait : il est transparent. Au-delà de ses parois de verre, on distingue sous l'effet du soleil naissant (il faut qu'il soit aussi de la fête) les pistes d'envol. Au terminal m'attend un jeune homme qui, voilà une seconde encore, dépérissait au fond d'une cellule. Il a mis ses vêtements dans son sac, son rasoir, sa brosse à dents. « Je me suis évadé », dit-il.

On ne s'évade pas. Sauf dans les contes de fées ou les romans romanesques, deux fictions hors de ma portée. Dans les pages qui suivent, mon unique projet a été de retracer les étapes d'une trop longue mésaventure que je souhaite n'avoir pas défigurée en l'écrivant. Je l'ai subie autant qu'affrontée, prenant des notes quotidiennes non pour m'aider à la comprendre mais pour m'aider simplement. Depuis la fin de l'épreuve, plus d'une année s'est écoulée. Le besoin d'être aidé a disparu. Lorsqu'on relève de maladie, le corps, délivré de la douleur, oublie qu'elle a existé. La parenthèse se referme, on se remet à vivre comme avant, mieux qu'avant, bercé par l'illusion d'une énergie toute neuve. En fait, on ne tarde pas à constater qu'on a laissé une bonne dose de force dans la bataille. L'enthousiasme tombe d'un coup et l'appétit de profiter, de jouir, s'il ne diminue pas, ne rassure que le temps qu'il s'exerce. On s'en est tiré, médicalement guéri, cependant quelque chose s'est cassé qui ne se réparera pas.

À parcourir mes notes, à les organiser afin de les rendre intelligibles, j'ai la certitude qu'une expérience de ce type ne m'a enrichi que d'une mélancolie supplémentaire : celle d'en savoir un peu plus sur moi-même. Ce n'est pas très original, pas très intéressant : je suis dans ma petite prison comme tout le monde. Bien sûr, l'endroit ne manque pas d'agrément : on y trouve de beaux tableaux, de beaux livres, de la belle musique et une poignée d'amis merveilleux pour qui je me jetterais volontiers dans la Seine s'ils le demandaient (ils n'en demandent pas tant). Parmi eux figure au premier rang, hors concours si j'ose dire, Kamel, le garçon qui fut enfermé à Fleury-Mérogis et dont j'ai essayé d'alléger le sort en le soutenant comme j'ai pu. Dans l'affaire, je joue le rôle du témoin ému, invité à un spectacle – ce mot atroce quand il s'agit de l'existence même – que j'étais loin d'avoir désiré. Aussi m'excusera-t-on d'avoir placé en tête de ce récit la dérisoire métamorphose de la maison d'arrêt en aéroport : on aura compris que je ne possédais pas de moyen plus efficace de refuser une situation où je me sentais fourvoyé (et Kamel avec moi). On lira pourtant quelques épisodes drolatiques :

tout ne fut pas douloureux ni même sans charme et, comme un écrivain se double volontiers d'un enquêteur à condition que les problèmes de son nombril aient cessé de l'importuner, j'ai appris sur l'incarcération et ses à-côtés un certain nombre de détails non négligeables que je verse au dossier. Il n'empêche que j'aurais donné beaucoup pour ne pas être si souvent face à ce monument de laideur dont il fallait que je franchisse la porte si je voulais offrir et recevoir cette tendresse qu'on partage dans un regard, presque sans se toucher.

Palais de justice

« J'ai honte, tu sais, j'ai tellement honte. » La première lettre qu'il m'adresse de prison commence par ces mots. Puis il m'assure de sa confiance en moi et regrette que nous ne puissions fêter ensemble, ainsi que nous l'avions prévu, son anniversaire (vingt et un ans) début septembre, la semaine prochaine. « Ma mère, termine-t-il, a obtenu un droit de visite, ma copine Laura aussi. Alors toi, essaie, s'il te plaît. »

Au Palais de justice, dans un bureau du rez-de-chaussée, un jeune type à lunettes me demande le nom du détenu que je désire aller voir à Fleury. Je le lui dis.

– Comment ça s'écrit ? Épelez.

J'épelle, me trompe, reprends.

– C'est bien le bon ce coup-ci, vous êtes certain ?

Il tape sur le clavier de son ordinateur et, après avoir regardé l'écran, répète le nom de famille de Kamel :

– Plus d'erreur ?

– Plus d'erreur.

– Tentative d'homicide volontaire.

Besoin de répliquer, d'effacer ce constat si brutal qu'il ressemble à un verdict :

– On ne l'a pas encore prouvé.

Le myope, qui s'en moque éperdument, fuit la discussion :

– Vous remplissez cette fiche et vous la remettez au greffe du juge en charge de l'affaire. Deuxième étage à droite.

Dans le couloir, les jambes coupées, je m'assieds sur une banquette. Ce fonctionnaire indifférent – ce flic ? je n'ai même pas remarqué s'il en portait l'uniforme – m'a réduit en quelques phrases à l'état de gelée tremblante. Incroyable d'être vulnérable à ce point. J'ai montré plus de courage le jour où, voilà deux ans, à l'hôpital Saint-Joseph, un interne m'apprit en vitesse pour s'en débarrasser que Claude, avec qui je vivais, était atteint d'un cancer dont il ne guérirait pas : « Il tiendra six mois, pas davantage. – Merci de votre franchise. » Je me précipitai dehors, affolé tel un orphelin dans un pays en guerre. De cette course désordonnée, j'espérais qu'elle me jetterait sous les roues d'un autobus, de n'importe quel véhicule assez puissant pour me réduire en bouillie. Le souffle finit par me manquer, mon pas se ralentit sans que je l'aie voulu. Je me mis à marcher comme on marche lorsqu'on a simplement à subir la bagatelle des soucis quotidiens : un peu voûté. Claude a « tenu » trois semaines. J'ai tenu avec lui, pour lui, extrayant d'une réserve insoupçonnée jusque-là, tout au fond sous l'extrême fatigue, les mots, les gestes, le sourire qui lui faisaient du bien. L'effondrement n'eut lieu qu'après sa mort. Dans une circonstance dont la gravité n'est en rien comparable – Kamel à plus ou moins longue échéance sortira de prison –, je suis un boxeur KO avant d'avoir livré le combat.

« Debout, paresseux ! » Chaque matin mon père me tirait du lit à l'aide de la même formule et, au cas où j'aurais eu des velléités de me rendormir, allumait la radio qui diffusait *Le Réveil musculaire*, une émission où claironnait au-dessus d'un sirop de musique la voix d'un prof de gym dans un répertoire immuable : « Étendez les bras... Une, deux ! Respirez...Soufflez ! » Enfant, j'ai maudit ce type, autant que je maudissais mon père, de ne pas me ménager une entrée plus douce dans ma journée d'écolier. Si je me souviens d'eux à cet instant, c'est parce que j'ai besoin de les appeler au secours, les suppliant de me donner l'énergie qui me manque. Debout, allons ! Oui, papa. Je t'obéis à contrecœur comme autrefois.

Quand je me lève, une douleur me scie le dos à hauteur des reins... de quoi crier une seconde... puis elle s'évanouit dès que j'aborde l'escalier qui conduit chez le juge. Des juges, il y en a une tripotée à l'étage : ils se cachent derrière des portes brunes surmontées d'un numéro. Je repère le mien... enfin la porte et le numéro : je frappe. Silence de l'autre côté. Il est trois heures de l'après-midi, le juge n'a-t-il pas terminé son repas ? Je me rassieds sur une banquette, réplique exacte de celle du rez-de-chaussée. Si j'étais chez moi, je m'allongerais sur mon lit et fermerais les yeux : une sieste de quelques minutes suffisante pour effacer de mon esprit qu'elle obsède la lourde mésaventure de Kamel et ses conséquences, pour effacer Kamel lui-même. J'imagine mon soulagement : ne pas connaître ce jeune homme, ne l'avoir jamais rencontré.

Une grande place en bordure du Bois où vont ceux qui ne savent plus où aller, c'est là que je l'ai rencontré. De son visage surgi de la nuit contre la vitre de ma voiture, je saisis au vol un sourire de convention, un éclat juvénile. J'ouvre la portière : « Monte. » Il se glisse, attache vite sa ceinture comme s'il craignait que, me ravisant, je le repousse dehors. « Mettez vos essuie-glaces, dit-il, vous voyez bien qu'il pleut, je suis tout mouillé. Vous avez un mouchoir en papier ? Non ? Tant pis. On va chez vous ? Vous me garderez jusqu'à demain ? Ça m'arrangerait. » Je l'ai gardé jusqu'à demain, jusqu'à aujourd'hui. Les choses se sont déroulées le plus naturellement du monde, sans que nous ayons eu l'impression d'en accélérer le cours. Une immédiate entente physique, où n'entraient ni raffinement excessif ni brutalité – il s'abandonnait et je ne me retenais pas –, nous surprit l'un et l'autre, moi davantage que lui : j'étais son client, d'ordinaire un client on ne le soigne pas ainsi, on n'assure que le service minimum. Il commenta : « On s'est éclatés. L'amour j'adore, j'adore un peu trop. » Je me cantonnai dans les idées générales : « On n'adore jamais trop ce qu'on aime. » Pendant le petit déjeuner pris au café du coin – Kamel qui a un appétit d'oiseau n'acheva pas son croissant –, je sus par une subite intuition que le nouveau venu occuperait une place à part dans ma vie. Laquelle ? Inutile de m'interroger là-dessus : j'étais disponible à cette histoire qui tournerait comme elle voudrait. Elle connut des débuts agréables et routiniers : deux fois par semaine, en fin d'après-midi, Kamel débarquait. On s'embrassait sur les joues, on bavardait, on écoutait un peu de rap à la radio en fumant du shit. Avant de sortir, il filait dans la salle de bains où il s'aspergeait de parfum. Au restaurant je le forçais à choisir un plat consistant qu'il ne finissait pas : « Mange, tu es maigre. – J'ai plus faim, je vais exploser. Toi, gros gourmand, mange pour moi. » Il remplaçait mon assiette vide par la sienne. Aussitôt rentrés, direction la chambre. On n'éclairait pas, on n'allumait que la télé, une chaîne colonisée par des groupes de chanteurs convulsifs. À moitié allongés sur le lit, le temps de refumer un pétard, on en suivait d'un œil vague les exploits puis on coupait le son et on se couchait vraiment. La même ardeur délicieuse nous secouait dans la pénombre tiède. Il y a une faculté que je m'accorde c'est de discerner un moment privilégié, d'en jouir en pleine conscience. Voilà le bonheur qui passe, si rapide qu'il soit il ne m'échappe pas : une seconde ou deux, une minute, je me tiens à l'intérieur et salue le miracle. Kamel, à son corps consentant, me permit d'accéder à une intensité de plaisir que je n'espérais plus. D'un tel cadeau, je ne lui serai jamais assez redevable, ni des phrases amusées qu'il prononçait rituellement à l'issue de ces premières unions : « Dommage qu'on puisse pas avoir un gosse ensemble, tu imagines le génie qu'on ferait ? C'était une super soirée, hein ? Dors bien, avec un souk de beaux rêves dans la tête. » Redevable encore du bisou, de gosse justement – sans rapport avec les baisers fougueux qui avaient précédé l'orgasme mais aussi spontané –, qu'il déposait sur mon front avant de me tourner le dos. Il ne tardait pas à trouver le sommeil, un sommeil agité où il éructait des sons inarticulés tandis que des mouvements brusques des bras et des jambes trahissaient une inexplicable panique. Je me jurais de le protéger au cas où une menace le guetterait. Il me confia peu à peu, au compte-gouttes, que, dès ses treize ans, guère surveillé par ses parents – un père routier d'origine kabyle, une mère née à Créteil qui se crevait dans un atelier de couture –, il avait, comme les neuf dixièmes des copains de sa cité, accumulé des bêtises dont il ne précisait pas la gravité : « Les conneries, c'est derrière moi, faut plus y penser. Maintenant j'ai réfléchi, j'ai des bons plans de bons boulots... tu m'aideras. » Bien sûr il mentait – je ne fus pas longtemps dupe de ces résolutions de garçon sage –, continuant à mener en secret une existence dangereuse. La preuve : il est bouclé à Fleury. Je ne peux pas m'en laver les mains, le rejeter comme un jouet plus marrant du tout. « Le plaisir, un jour ou l'autre, on le paie ! » disait pour m'en éloigner une vieille cousine cévenole qui n'avait pas dû en éprouver beaucoup. Pas d'apitoiement sur mon sort, je paie ou plutôt je commence à payer : fidèle à ma promesse de protéger Kamel, je suis exactement à ma place sur cette banquette du Palais de justice, devant la porte brune d'un juge d'instruction.

Un homme corpulent s'arrête près de moi :

– Qu'est-ce que vous attendez ?

– Que la porte s'ouvre.

– Vous risquez d'attendre en vain, le juge travaille souvent à l'extérieur.

Le patapouf sent qu'il me crucifie avec son renseignement :

– Ne soyez pas inquiet. Votre demande de visite, je m'en occupe, je la remettrai à qui de droit.

S'il n'y avait un code des usages à respecter, j'embrasserais mon sauveur malgré le manque d'attrait de sa figure ronde. Je limite mon effusion à un banal « merci » auquel il répond par un mécanique « pas de quoi », l'esprit absorbé par la lecture de ma fiche :

– Vous avez inscrit votre nom, celui du prisonnier, mais vous avez oublié de signaler la qualité.

– La qualité ?

– En quelle qualité vous réclamez cette autorisation ? Vous êtes un membre de la famille ?

– Non.

Je me sens stupidement rougir, tel un élève pincé en train de se masturber au fond des chiottes. Le fonctionnaire, qui me sourit avec une douceur de madone, tire de sa poche un crayon bille :

– On pourrait inscrire compagnon ?

Il est mieux qu'obligeant, il œuvre dans la solidarité.

– Alors, compagnon ?

– Je préférerais ami. Ami suffira ?

– Oui, mais ça parle moins.

Tentative de portrait

Je sais pourquoi je déteste le mot compagnon. À l'hôpital, une des infirmières en charge de Claude l'avait interrogé sur nos relations. Il me raconta son embarras : « Je ne voulais pas étaler notre vie privée... d'un autre côté je voulais lui montrer que nous... lui faire comprendre le miracle de ce nous... j'ai cherché, j'ai rien trouvé... je ne suis pas vraiment en forme... j'ai fini par lui dire... tu vas te moquer, ne ris pas s'il te plaît... ce monsieur qui vient me voir tous les jours, c'est mon compagnon. » Il avait l'air de s'excuser, de mendier une absolution comme à confesse : « Pas trop idiot... qu'en penses-tu ? » À mon tour de balbutier : « Compagnon... compagnon... celui avec qui on partage son pain... » Il remarqua mon trouble : « Tu ne pleures quand même pas à cause de ma connerie ? – C'est pas des larmes, c'est des gouttes de sueur... toi aussi tu transpires. » J'essuyai avec mon mouchoir d'abord ses paupières et ses tempes, les miennes ensuite. Le mensonge pouvait se déguiser en vérité : on était au cœur du mois de juillet, il faisait très chaud.

Claude m'avait connu lycéen dans une ville du Midi

qui me paraissait trop somnolente pour ma nervosité. De dix ans mon aîné, il m'emmena à Paris où nous avons vécu un tiers de siècle. Sans habiter ensemble, sauf au début quand nous étions fauchés, nous dînions tête à tête presque chaque soir, mêlant dans le désordre des propos nos enthousiasmes et nos projets. Il peignait, j'écrivais, nous étions du même bateau. Rien ni personne, malgré mon goût des aventures multiples dont certaines prirent de l'importance, ne parvint à mettre en péril une entente que la fin de l'accord charnel au bout d'une décennie ne menaça pas davantage. « Entente » est trop faible, trop calme, pour évoquer notre don mutuel et cette folie de nous croire à deux assez armés face au monde entier qui ne résisterait pas à nos talents conjugués. Et s'il y résistait, tant pis, nous nous contenterions d'avoir raison contre lui. Certes nous avons eu le désir d'être l'un à l'autre et, plus encore, la chance d'être l'un comme l'autre. L'aspect physique excepté, nous ressemblions à des frères, des jumeaux inséparables. Entre nous, il s'agissait d'une histoire de famille, pas du compagnonnage des petites amours. Moins épuisé, je ne doute pas que Claude aurait répondu à l'infirmière curieuse : « Ce monsieur qui vient me voir tous les jours, c'est moi. »

Kamel, lui, est vraiment un autre. Un très jeune homme alors que j'ai franchi la cinquantaine. Un enfant terrible de banlieue, sans métier, ivre de musique techno, de quelques drogues planantes et faisant son ordinaire de rapports violents alors que, propriétaire à Paris d'un appartement de trois pièces, je vis la marginalité douillette d'un écrivain peu célèbre qui, bien que libre de ses mouvements, ne conserve plus qu'un intérêt limité pour de nouvelles émotions. D'autant que Kamel n'est pas le premier de son style : au lieu d'étudiants ou d'artistes en herbe, j'ai collectionné un nombre impressionnant de paumés en crise de croissance auprès desquels je me sentais embarqué dans un voyage salutaire loin du monde des lettres. Si j'ajoute que ceux qui me supportèrent durant plusieurs saisons furent un Indien, un Mauricien, un Marocain et un Philippin, on comprendra que le dépaysement était garanti. D'un exotisme moindre, Kamel n'avait donc pas d'atout majeur dans son jeu. Ça tient du paradoxe qu'il ait bénéficié de cette indifférence que je rappelais à l'instant et qui, après la mort de Claude, avait succédé à la révolte puis à l'accablement, étapes obligées du désespoir, dont l'indifférence justement marque la phase la plus cruelle, la plus asséchée. Le cœur bat comme un mécanisme fonctionne : on travaille, on va au cinéma, on dîne avec ses amis, le temps passe, en soi le paysage – naguère si peuplé – est devenu un désert. Kamel se présente et comble aussitôt ce vide. Je me laisse envahir, risque principal quand on ouvre sa porte. Dans son village de montagne, ma grand-mère corse, effrayée de voir des hippies coucher à la belle étoile, les invitait à dormir chez elle : « Ta mémé, c'est notre reine », me confia un sympathique barbu horriblement guitariste. De la même façon, en bordure du Sahara (le désert encore !), un potier arabe tint à m'épargner la fraîcheur de la nuit, m'offrant une place dans son étroit logis où se serraient déjà sa femme et ses cinq gosses. Je demeure fidèle à la tradition d'hospitalité des pays méditerranéens qui réserve le meilleur accueil à l'étranger que Dieu vous envoie. Un cadeau de Dieu, j'ai tendance à me méfier : quel qu'Il soit, Il ne donne que pour reprendre. Peut-être un cadeau de Claude qui, caché derrière son nuage, a choisi de me livrer comme un trésor cet ange peu catholique.

« Tu m'as voulu, tu m'as, tu m'auras », m'a déclaré Kamel un jour où, exaspéré par ses bêtises habituelles, je lui avais demandé de ficher le camp. Je ne crois pas au hasard : la nuit de notre rencontre dans un coin de la place près du Bois, c'est lui qui a été posté sur mon chemin, mais j'aurais pu ne pas m'en occuper toute affaire cessante. Or il a raison, je l'ai voulu, absolument, sans réfléchir, par réflexe ou instinct de survie... trêve d'hypocrisie : parce que j'avais besoin de tenir contre moi un corps jeune loué pour une séance de baise et après, salut, à la prochaine ! autrement dit : à jamais. L'étonnant dans notre histoire ? Elle n'a pas suivi ce mode d'emploi, mis en pratique avec les cinq ou six garçons dragués les semaines précédentes afin de tromper le même ennui en accomplissant le même exercice d'hygiène. Qu'est-ce donc qui le distingue de ces éphémères ? Qu'est-ce que je lui trouve de si particulier ?

De retour du Palais de justice, j'étale sur la table de camping qui me sert de bureau les photos que j'ai prises de Kamel. Méritent-elles qu'on s'extasie ? Les amoureux, casse-pieds par définition, nous assomment en général avec la beauté de la créature qu'ils aiment. Puisqu'ils sont aveugles, c'est bien connu, et dans l'incapacité de décrire, ils nous gavent de grands adjectifs : voici l'objet de leur passion rendu magnifique, extraordinaire, et vous, qui n'avez pas eu l'occasion de l'apercevoir, vous n'êtes pas plus avancé sur son compte. Vous les jugez égaux en niaiserie au Tamino de *La Flûte enchantée* en train de contempler le portrait de sa Pamina :

« Dies Bildnis ist bezaubernd schön,
Wie noch kein Auge je gesehn ! »
(Ce portrait est merveilleux,
Tel qu'aucun œil n'en vit jamais !)

Comment une musique, elle vraiment merveilleuse, s'envole-t-elle d'un texte aussi affligeant dans sa convention pour transformer ce roudoudou en expérience mystique, c'est le secret du génie. À mille kilomètres d'un tel pouvoir, je m'efforce au moins de ne pas perdre toute lucidité.

Difficile : penché au-dessus des photos de Kamel, qui le multiplient environ par vingt, je m'attendris, prêt à m'enrôler dans le troupeau des mollusques du sentiment. Il faut avouer qu'il a du charme, le coquin... ça y est, j'y suis !

La photo la plus ancienne, l'automne dernier – un an déjà –, le montre assis sur le canapé du salon. Il porte un pull blanc, un banal blue-jean. Le buste droit sans raideur, il incline la tête légèrement vers la gauche. Il tient les bras croisés à hauteur du ventre et les jambes écartées dans un apparent relâchement. Des lèvres bien pleines dessinent l'ébauche d'un sourire qui confère à l'ovale du visage lisse une mélancolie accentuée par le regard... un regard... Vaut le détour, diraient les guides touristiques. La photo ne rend pas justice à ces yeux, n'en propose qu'une couleur simplifiée proche du marron clair. Je cherche sur les photos suivantes la nuance exacte. En vain : marron partout sauf sur une où ils sont vert sombre. Pas satisfaisant non plus. La vérité – telle qu'elle subsiste dans mon esprit – est qu'ils sont à la fois marron et verts, les deux couleurs – feuille morte, brin d'herbe pâle lavés par la pluie – se fondant en une seule, fragile et trouble, qui n'a pas reçu de nom.

Ses yeux – dont Kamel me répète avec la fierté du propriétaire les compliments qu'ils ont suscités –, je ne suis pas sûr d'en faire la pièce maîtresse de sa séduction en ce qui me concerne. Ils me plaisent comme une œuvre bizarre dont la réussite m'intimide un peu. J'avoue être ravi du défaut de sa dentition, plutôt irrégulière, où une canine déborde ses voisines : cette imperfection ajoute au joli visage – et je n'ai pas parlé du nez fin, de la courbe délicate des sourcils – quelque chose qui le sauve du classicisme standard, un élément presque comique... mais je ne songe pas à m'en moquer, au contraire elle m'émeut. Moins cependant que ses mains aux doigts osseux et longs terminés par des ongles rongés : j'y vois la preuve d'une fébrilité que je m'appliquerai à calmer. Me touche de même sa maigreur, évidente avec les côtes à fleur de peau sur une photo de cet été où il se tient debout torse nu devant la mer dans l'île de Fuerteventura. Mon index caresse l'image comme si j'espérais que du corps de papier émanerait la chaleur du corps réel. Souvent lorsque, à peine couché, il m'attirait dans ses bras, de ce contact je m'étonnais : « Tu brûles ! » Et lui : « Je suis ton chauffage central. » La combustion ne tardait pas à me gagner. Penser à ça en ce moment relève d'une faiblesse malsaine condamnée par le puritain qui loge quelque part en moi. Je jette la semi-nudité de Kamel avec ses autres reflets au fond d'une boîte en carton que je me promets de ne pas ouvrir avant une semaine.

Je devrais avoir le courage de ne pas l'ouvrir du tout. Rien à attendre de ce genre d'aide-mémoire : en figeant les instants heureux, une photo les épingle tels des papillons sur une plaque de liège. Je préfère puiser dans la réserve des impressions fugitives qui fragmentent le souvenir en éclats autrement vivaces. C'est le règne de l'imprécis et de l'anarchique : Kamel dort, il se peigne, il joue au ping-pong, il boit du café, il traverse la rue, il essaie des lunettes de soleil, il a les yeux de n'importe quelle couleur, il est très beau, assez beau, pas si beau que ça, « un petit être mystérieux, comme tout le monde » (après la mort de Mélisande, le vieil Arkel à son chevet prononce cette phrase qui, parce qu'elle justifie chaque existence, reste certainement la plus réconfortante de la littérature).

La nuit me surprend immobile à ma table. Aucun désir d'allumer la lampe. Tableaux et livres s'évanouissent dans l'ombre. Un craquement du parquet me ferait sursauter. Une main se poserait sur mon épaule. La voix un peu éraillée de Kamel me glisserait à l'oreille : « Range ton stylo, tes notes avec plein de détails qui servent à rien : c'est pas moi le mec que tu décris. T'inquiète, je suis là, tu sens mon odeur, mon souffle dans ton cou ? Viens, on va au restaurant. »

Nulle présence, ni chair ni fantôme, pas le moindre bruit. Quitter l'appartement. Dîner au restaurant, seul.

L'accident

Laura fréquentait, boulevard Poissonnière, une boîte gay où Kamel avait ses habitudes. Elle y venait le vendredi avec sa demi-sœur Julie car, ce jour-là surtout, des garçons de banlieue arrivaient en petites bandes. Celle de Kamel se composait d'Ali, Mustapha et Tom, ses potes, ses frères d'armes d'Aulnay ou de Bobigny. Ils draguaient ensemble et partageaient leurs bonnes (souvent pas terribles) fortunes. Pour plusieurs raisons, Laura sortait de l'espèce courante, pas prostituée comme leurs copines du Bois où eux-mêmes opéraient, mais aussi facile d'accès, étudiante – assurait-elle – dont les tenues ajustées soulignaient les formes arrondies, en particulier une poitrine digne d'un film porno. Ali en avait profité le premier, parce qu'il était le plus grand par l'âge et par la taille. Il lui offrit une vodka orange et deux pilules d'ecstasy avant de la raccompagner à moto chez elle. Le lendemain quand il reparut devant ses amis, pressé de questions, il se contenta de répondre : « Ben quoi, je lui ai défoncé la chatte. »

Il téléphona dans la semaine à Kamel :

– Elle te branche, la Laura ? Si elle te branche, te

gêne pas, c'est un sacré coup… elle m'a dit qu'elle te trouvait mignon.

À son tour, Kamel joua les machos :

– Elle est pas unique sur la liste. Une de plus, une de moins…

– T'en veux pas ?

– Et toi, elle te gonfle déjà ?

– J'en ai rien à battre… et puis je te faisais un cadeau.

– Merci.

– Normal entre nous, Kamel.

– Remarque, je réfléchis…

– Au fond, tu serais partant ?

– Tu me prendrais pour un con si je crachais dessus… j'adore les blondes, tu sais.

Le vendredi suivant, Kamel offrit à Laura la vodka et les pilules. Ali, décidément royal, était prêt à leur laisser sa moto mais l'excès de bonté de son camarade commençait à énerver Kamel qui refusa l'engin et ramena en taxi sa conquête de seconde main. Elle habitait dans un immeuble bourgeois, quartier du Trocadéro.

– Tu es riche ?

– Mon père, il bosse… un fou de boulot… import-export, tu vois le genre ?

– Vaguement.

Des types bourrés de fric, il en avait rencontré sans réussir à en accrocher un comme client permanent. De toute façon, plutôt qu'avec un milliardaire il valait mieux baiser avec une fille de milliardaire qui, à vingt-trois ans, montrait dans le domaine du sexe un appétit égal à celui de Kamel. Leurs corps s'exprimèrent avec tant de joyeuse fureur qu'ils se promirent de renouveler l'expérience.

Ils se retrouvèrent chaque vendredi durant un mois. Sa bande – Ali en tête – reprocha à Kamel de se conduire en égoïste : « Depuis que tu t'es placé chez ta blonde, tu nous largues, salut les mecs ! » Il protesta. La preuve qu'il ne les oubliait pas : il allait les inviter à une fête qui se déroulerait le week-end de Pentecôte dans l'appartement de Princesse Dodue (ainsi avait-il surnommé son amante pour l'amusement de ses familiers). Ce qui fut dit fut fait et bien fait. Le samedi en question, après avoir acheté poulet et saumon fumé, Kamel courut chercher du shit augmenté d'un peu de coke aux alentours du métro Stalingrad tandis que Laura confectionnait une tarte aux pommes et Julie un gâteau au chocolat. La bande, de son côté, se chargea des boissons. Tout aurait dû se passer gentiment.

La soirée débuta vers dix heures quand Ali, Mustapha et Tom se présentèrent, habillés de survêtements Lacoste flambant neufs : « Vous avez braqué une succursale ? » plaisanta Kamel qui, lui aussi, arborait un polo de la même marque. Pour l'apéritif, on décapsula les canettes et on trinqua avec de la bière tiède. Dans le salon, la télé, son coupé, proposait un film vidéo sur les extraterrestres qu'on regardait en rigolant, les oreilles satisfaites de la musique des CD choisis par Kamel. Saumon et poulet n'obtinrent pas un succès fou, la tarte et le gâteau ne furent mangés qu'à moitié : « Trop de restes ! » constata Laura. Tom, le benjamin (seize ans à peine), suggéra que David, son frère aîné, pourrait les rejoindre car il était d'une voracité d'ogre. Il suffisait de l'appeler sur son portable : « Il est certainement dans le coin. » Les garçons traduisirent ainsi l'imprécision de cette phrase : il est en train de tapiner porte Dauphine. Ce que l'intéressé ne nia pas, lorsque Ali l'eut atteint, en regrettant toutefois le manque d'affluence du lieu.

– T'acharne pas, conseilla Ali. Bouge ton cul et radine ici, on se marre. Y a une super tarte à bouffer.

– Du shit ?

– En pagaïe... et plein d'autres substances à s'éclater grave.

– Des filles ?

– Là, problème : pas pour tout le monde. T'en aurais en pochette-surprise ?

– Attends, j'observe le paysage... Deux bosseuses à proximité : Marie-Jo et Rita de Jésus.

– Une pute et un travesti...

– Elles sont classe.

Ali annonça le prochain débarquement à Laura qui connaissait David de vue et appréciait sa belle gueule : « Un que tu t'es pas encore envoyé », commenta Julie sur un ton aigre. Kamel, près d'elles, l'entendit. Comme il avait fumé trois pétards et avalé autant de bières, que la musique perçait les tympans, il eut un doute : n'aurait-il pas interprété de travers des propos anodins ? Il s'approcha d'Ali qui humectait de salive la feuille d'un nouveau joint, le dos appuyé à une bibliothèque où figuraient plus de photos et de menus objets que de livres.

– J'apporterai des bouquins pour que sur les étagères ça semble moins vide, dit Kamel.

– Des bouquins de chez ton mec l'écrivain ?

– Tu déconnes, c'est pas mon mec, j'ai pas de mec. Justement, Ali, les mecs… Laura…

– Quoi, Laura ?

– Laura et les mecs…

– Oh là ! là ! D'après ce que je sais, toi et moi on l'a pas étrennée.

– Ceux d'avant, je m'en fous… maintenant que je suis avec elle, peut-être elle s'est calmée ?

– Sur la tête de ma mère, ce pollen m'allume les neurones…

– *Mon* pollen…

– Et *ta* Laura… toujours aussi perso ! À mon avis, *ta* Laura, qui a d'abord été *ma* Laura entre parenthèses, elle t'a pas élu homme de l'année. Tu la tires et tu fantasmes pas : « propriété privée, défense d'entrer », loin de son style. Si tu veux en avoir le cœur net, demande à Julie, elle couche avec elle.

– Sa demi-sœur…

– Sa demi-sœur comme je suis ton cousin germain.

Kamel se traîna jusqu'à la cuisine. Histoire de varier les plaisirs, il se servit un whisky qu'il but lentement, se resservit et revint s'asseoir sur la moquette contre le mur, le verre posé entre les jambes. Tous s'étaient mis à danser, on se serait cru en boîte. Épaules et bras nus, sanglée dans une robe verte tombant aux genoux, Laura, face à Julie, se déhanchait en mesure. Elle transpirait. Elle mouillait sans Kamel. Il eut envie de lui murmurer quelque chose de tendre : « Ne danse plus, assieds-toi à côté. Je te lécherai pour avoir sur ma langue le goût de ta sueur. Direction : ta chambre où on s'enfermera. Si tu y tiens, avec Julie. Elle est un peu maigre et un peu jeune mais deux filles dans un plume et moi au milieu, je vois rien qui m'excite plus ! » Il rêva aux variations possibles de leur trio.

– Tu boudes ?

Laura s'était plantée devant lui :

– Tu boudes ou tu t'emmerdes ?

– Excuse-moi, chérie, je suis pas très clair.

– Tu es bourré, oui.

Kamel allait lui répliquer vertement. Inadmissible d'être traité de cette manière alors que les copains n'en perdaient pas une miette.

– Tu me parles... tu écoutes comment tu me parles ?

– Je te parle comme il faut : tu ne supportes pas l'alcool.

Il se sentit trembler. Sa réplique, il la lui cracherait à la gueule : « Mêle-toi de tes fesses, sale conne ! » Il n'eut pas le temps de la prononcer, on sonnait. Il se leva, soudain très vif, délivré de sa colère :

– Je vais ouvrir.

– Bravo ! tu te rends utile, dit Laura d'une voix radoucie, presque câline.

Marie-Jo et Rita de Jésus – l'une affectant le genre adolescente à la dérive tendance chienne battue, l'autre affichant une féminité si amoureusement copiée qu'elle s'en trouvait sublimée – embrassèrent Kamel sur les joues.

– Crevée, dit Marie-Jo. Besoin d'un remontant... on se prépare une ligne ?

– C'est ici la partouze ? dit Rita de Jésus qui appliqua la paume sur la braguette du jean de Kamel. Yaouh ! t'as pas oublié le meilleur morceau...

– Arrête ! Tu chatouilles.

Il les avait sautées à plusieurs reprises, parfois ensemble : des sandwiches pour la route, selon son expression favorite quand il évoquait ses performances sexuelles. Elles n'étaient pas chiantes et, dans le cas de Rita, d'un physique bien au-dessus de la moyenne, mais comme elles appartenaient à tout le monde, elles n'intéressaient profondément personne. Kamel éprouvait en revanche une vraie sympathie pour David, respectant en lui le guide qui, dans son apprentissage de la rue, lui avait évité les rencontres trop mauvaises ou les coups trop tordus. Généreux avec ça : durant une période de galère pas si ancienne, David s'était délesté en sa faveur de quelques billets sans exiger un remboursement futur.

– Tee-shirt noir, veste noire, pantalon noir... plus smart que toi ça n'existe pas, dit Kamel.

– Noir, couleur de l'espoir.

– Tu veux du saumon, du poulet ?

Laura venait de s'introduire dans leur conversation :

– La maison possède aussi du saucisson pur porc... t'es pas musulman ?

– Non et j'adore ce qui est un peu cochon.

– David, Laura... Laura, David..., dit Kamel

– En maître de cérémonie, tu assures un max...

Ralentis pas ton effort : file prendre le saucisson pour ton ami.

De quel droit lui donnait-elle des ordres ?

– Tu me commandes ?

– Je te demande poliment.

– Ah ! les femmes..., lança-t-il à David avec la moue désabusée d'un vieux complice.

Dans la cuisine où il se réfugia de nouveau, la squelettique Marie-Jo préparait sa coke ainsi qu'elle l'avait annoncé. Il ne cacha pas son admiration :

– Merde ! déjà au boulot, t'es championne.

– Tu te souviens pas du proverbe qu'on nous répétait à l'école ? Remets pas à demain ce que tu peux faire aujourd'hui.

Il éclata de rire. Il riait encore, dix minutes plus tard, après avoir inhalé la poudre. Il finit par repérer un couteau dans l'évier, le saucisson sur le frigo, s'en saisit et regagna le salon. Tom et Mustapha jouaient aux cartes. Rita, en string et talons hauts, imprimait à son corps de top model des mouvements langoureux mal accordés au rythme de la musique. Cette exhibition fascinait Julie qui mâchouillait du chewing-gum sans la quitter des yeux.

– Une bite pour les gouines ! dit Kamel brandissant le saucisson.

– T'es pas drôle, dit Ali. Tu ferais mieux de t'essuyer le nez : il coule.

– Toujours dans mes pattes... lâche-moi, s'il te plaît ! J'ai pas réclamé une nourrice.

– Comme tu voudras.

– Te vexe pas…

– La nourrice, elle te signale que ta Princesse Dodue, tout à l'heure c'est la bite de ton super pote David qui lui niquera la gueule.

La silhouette athlétique de David s'encadrait dans une fenêtre par laquelle on apercevait en contrebas les lumières espacées de l'avenue : du quatrième étage, elles paraissaient veiller sur un autre univers d'où s'étaient miraculeusement exclus ceux réunis dans ce salon pour la fête. Laura, installée sur un tabouret, inclinait vers David un visage que, d'un geste, il aurait pu coller contre son ventre. Kamel comprit ce qu'Ali avait compris : un couple se formait. Il eut très chaud comme si dans ses veines le sang était porté à incandescence. Une haine ravageuse causée par la jalousie ? Non : une excitation visionnaire, analogue à l'euphorie, qui créait une suite de scènes sexuelles dont il était l'acteur en compagnie de Laura et de David. Cette fois il avait composé le trio idéal : remplacer l'insignifiante Julie par David le magnifique, quelle idée de génie ! Une femme, un homme, et lui moitié homme, moitié femme…

– Ce que tu as l'air con avec ton saucisson et ton couteau ! dit Laura.

– C'est pour David.

– Il a failli attendre.

– Pas grave, dit David. On va se le manger à trois, le saucisson.

– Oui, répéta Kamel, à trois. Mais avant, on va ouvrir la fenêtre.

– Rien du tout.

– Quoi ? rien du tout... J'étouffe, Laura, je brûle, j'ai 69 de fièvre.

– Je m'en fous. J'ai juré aux voisins de limiter le bruit... la fenêtre, on l'ouvre pas, sinon l'immeuble entier se mettrait en révolte, y aurait des plaintes et mon père me paierait plus la location de l'appart.

– Petite bourge !

– Petit minus !

– M'insulte pas devant David...

– Mouche-toi ! T'es qu'un bébé qui se croit un mec parce qu'il sniffe le samedi soir.

À ce mot de bébé, Kamel laissa tomber le couteau et le saucisson. Ainsi allégé, il pouvait punir Laura comme elle le méritait. Il lui administra une gifle si monumentale qu'elle fut renversée avec le tabouret. Il bondit sur sa proie afin de terminer la correction. David l'attrapa par le coude :

– On ne gifle pas une fille.

– C'est pas une fille, c'est une ordure... Elle m'a traité pire qu'une merde... J'ai la honte... la honte de ma vie.

– Calme-toi.

– Me touche pas !

David n'obéit pas à cette injonction frémissante telle une prière dont on veut espérer, contre toute raison, qu'elle sera exaucée.

– Me touche pas...

Dans la voix, il y avait à présent un sanglot qui n'émut pas David ou qu'il n'entendit pas : voué à une mission quasiment divine, que son allure mâle autorisait, il ne se souciait que de dicter sa loi et d'établir les règles de bonne conduite :

– Tu la relèves et tu lui dis : je regrette.

– Merde !

– Puisque tu refuses d'être poli, je vais te massacrer...

Lui serrant toujours le coude, il commença, de son poing libre, à le boxer avec une application féroce.

– Me touche pas !

Plus de sanglot : un hurlement. Kamel se dégagea de l'emprise de David. Comme par hasard, sa main rencontra sur la moquette le couteau qu'il y avait abandonné. Ses doigts agrippèrent le manche. David, incrédule, prit le tabouret par un pied, essayant de parer le coup de Kamel. En vain : le couteau s'enfonça quelque part dans sa chair, se retira, puis s'enfonça encore. Venu de derrière, Ali déséquilibra Kamel d'une bourrade, le désarma sans difficulté car le coupable ne s'avisait pas de se défendre. Il restait là, figé, étranger à l'agitation autour de lui. On le bousculait, on échangeait des phrases... qui parlait ? Il ne savait plus.

– Passe ton bras autour du cou...

– Tu arrives à marcher ?

– Ça saigne...

– Normal que ça saigne...

– Un gant... de l'alcool... une serviette...

– Ça te fait du bien ?

– On appelle police secours...

– Pas les flics, t'es dingue...

– Les pompiers...

– Le numéro des pompiers ?
– Dites rien à ma mère...
– Ta robe verte a porté malheur...
– Arrêtez la musique...
– C'est quoi, le plan ?
– D'abord lui, faut qu'il se casse...
– Casse-toi !
– Ho ! Kamel, casse-toi !

Ali le secouait. Il puait la bière et il tremblait.

– Tu as peur, Ali ?
– C'est toi qui devrais avoir les jetons... t'es plongé dans l'enfer, mon vieux. S'agit pas que les keufs te découvrent ici.

Il le poussa dans le couloir, vers la sortie. Kamel continuait à ne pas offrir de résistance. Sur le palier, devant l'ascenseur, Ali brusqua les adieux :

– Planque-toi vite.
– Chez qui ?
– Ton problème.

Dehors, Kamel traversa l'avenue, courut jusqu'à un carrefour où il fut ébloui par des phares. Le Bois n'était pas loin. Il évita la porte Dauphine, ses environs mercantiles, longea le lac et, dès qu'il distingua un banc sous les arbres au bord de l'eau, il s'effondra dessus. Il y passerait la nuit comme un clochard et demain... demain... il n'avait plus d'avenir.

Vers quatre heures du matin, il émergea, transi, d'un état comateux dont il n'héritait qu'une torturante migraine. Il refit le chemin en sens inverse et rentra chez Laura. Elle ne lui adressa pas de reproche, on aurait cru qu'elle souhaitait son retour. En peu de mots, elle lui expliqua l'évolution de l'histoire. Après son départ, on avait descendu David sur le trottoir d'où les pompiers (les pompiers ? les flics ? elle hésitait) s'étaient dépêchés de l'emmener à l'hôpital. Des participants de la soirée, aucun – pas même Julie, l'intime des intimes – n'avait manifesté le désir de s'attarder sur le lieu du drame. Débandade complète. Laura ne s'en désolait pas, trop fatiguée pour discuter, trop énervée aussi : depuis qu'elle s'était couchée, impossible de trouver le sommeil. Maintenant avec Kamel, ça changerait peut-être. Il la suivit dans la chambre. Sur le lit, cul par-dessus tête au milieu des draps roses, un ours en peluche ressemblait à un noyé. À peine l'avait-elle écarté que Kamel s'étendit sans se déshabiller : il ôta juste ses chaussures. Laura s'étendit aussi. Une fois la lampe éteinte, il se blottit contre elle, la joue sur son épaule, la bouche près de ses seins. La main qui s'était servie du couteau déboutonna la chemise, caressa le ventre, effleura la toison, s'immobilisa. Kamel entendit Laura soupirer. Soupir d'agacement ou soupir d'acceptation, il n'était plus capable de mener l'enquête. Il s'absenta.

– Debout ! fumier...

– Je dors...

– Il est midi. Assez ronflé, salaud ! Bats-toi, si tu as des couilles...

Il bâilla, s'étira. Avant qu'il ait réussi à se lever, on avait sauté sur lui : deux garçons dont l'un le ceinturait pour permettre à l'autre de le frapper. Il reçut des coups au foie, à l'estomac, des coups partout. Il eut l'impression que le dernier lui faisait exploser la cervelle : un coup de crâne de Tom en plein visage.

– De la part de mon frère, salaud !

– De la part de son frère, ajouta en écho Mustapha. Et que tu crèves !

Ils s'enfuirent. Laura feignit de piquer une crise de nerfs. Elle en avait marre de tous ces types qui prenaient son appartement pour le sous-sol d'une cité. Elle voulait bien être bonne mais pas conne. Quand les flics débarqueraient – et ils débarqueraient, c'était sûr et certain –, elle serait obligée d'avouer la vérité, elle n'allait pas le protéger, lui et son couteau, lui qui avait foutu le bordel, lui avec sa bande de tarés. Hier ça n'avait pas suffi, ils avaient recommencé ce matin : ces deux idiots tapant comme des malades à la porte... forcée de leur ouvrir à cause des voisins. La leçon, elle ne l'oublierait pas, désormais elle changerait de fréquentations.

– Laura, je pisse du sang.

– Y a des Kleenex dans la salle de bains.

– Aide-moi.

Ce SOS dut toucher en elle un point sensible. Plutôt que de poursuivre la litanie de ses griefs, elle le nettoya, stoppa l'hémorragie nasale avec du coton, pansa l'arcade sourcilière endommagée. À la fin de ce travail d'infirmière, elle déposa un baiser sur des lèvres plus grosses que d'habitude :

– Tu es un petit fou, mon petit fou que j'aime.

Kamel, qui avait grimacé sous le baiser, osa se regarder dans la glace :

– Mais je suis affreux, Laura, je suis en bouillie. Je me reconnais pas.

– Pas si laid, encore un peu mignon.

– Je sors pas.

– Mon père se pointe en début d'après-midi comme chaque dimanche... tu tiens à le saluer ?

– Je m'enferme dans le placard.

– C'est pas réaliste.

– Laura, je regrette pour la gifle : j'avais trop bu, trop fumé.

– Quel rapport ?

– Je te giflerai plus jamais. Je me jette par la fenêtre.

– Ne dis pas ça, même pour rire. Je te colle dans un taxi et tu vas te faire soigner à l'hôpital.

– Comme David ?

– Comme David.

Suites de l'accident

Je passe l'essentiel de ma vie allongé. Dormir et faire l'amour figurent au pinacle de ma hiérarchie du bien-être. En cela, je ne dois guère m'éloigner de beaucoup de mes contemporains. Je m'en sépare peut-être grâce à mon penchant immodéré pour le farniente. Si je n'avais pas à gagner de l'argent, je crois que je cesserais toute activité, me contentant de ce que Baudelaire appelle « les voluptés calmes », goûtées de préférence sous des cieux tropicaux. Entre le sommeil et la veille, la sieste constitue le *nec plus ultra* de mes après-midi. J'y pense ou j'y rêve à des romans que je n'écrirai jamais, créations étonnantes bouclées en un quart d'heure, alors que c'est si fastidieux de construire une petite histoire sur le papier avec des mots tellement en retrait par rapport à l'effervescence stérile de l'imagination. Que me racontais-je donc ce dimanche de Pentecôte, la nuque calée sur des coussins ? Rien de précis, un voyage vers une île (chez moi thème récurrent – comme diraient les cuistres – et banal je le reconnais, mais ce sont les variations qui font le principal). Kamel s'y montrait au mieux de sa forme et moi à ses côtés dans une version améliorée du *Vieil Homme et la Mer* : un homme pas si vieux, un jeune homme et aucun poisson. La sonnerie de la porte d'entrée m'arracha à cet inoffensif vagabondage.

– Qui est-ce ? demandai-je avant d'ouvrir.

– Kamel.

– Kamel, le vrai Kamel, pas une contrefaçon ?

J'avais l'humeur à la plaisanterie et j'étais heureux de sa visite imprévue. Il était beau ! le vrai Kamel, complètement amoché, le visage tuméfié en plusieurs endroits : la bouche fendue, une arcade éclatée, une paupière à demi baissée. Ce furent les taches de sang sur le polo et sur le jean qui m'effrayèrent le plus. Je répétai bêtement :

– Ça va ? Kamel, ça va ?

– Je me suis battu... Je viens de l'hôpital, j'ai le nez cassé, regarde, dit-il en me tendant une grande enveloppe qui contenait la radio de sa fracture.

– On verra plus tard... Le nez cassé seulement ?

– Et mal à la tête, tu peux pas savoir... Ils m'ont donné des cachets.

– Je t'en prépare deux tout de suite. Couche-toi sur mon lit, j'arrive.

Il m'obéit. Je fis fondre les comprimés dans un verre d'eau, revins près de lui. Couché exactement à ma place, il pleurait en silence. Je lui pris la main qu'il ne retira pas : elle était d'une moiteur malsaine. Imprégnés de transpiration, ses vêtements dégageaient une odeur de pourriture. Sans me soucier de son avis, je me mis à le déshabiller. Il m'aida en se soulevant légèrement lorsque je lui ôtai son polo. Pour le jean, il n'eut pas à bouger. Je lui laissai son caleçon et ses chaussettes. Je redoutais de découvrir sur la poitrine ou le ventre de nouvelles traces d'une bagarre dont il ne m'avait pas confié les détails. Pour l'instant, il ne s'agissait pas de l'interroger mais de le secourir. Le fait que le buste ne porte nulle marque de coup, même pas une égratignure, me parut de l'ordre du miracle. Kamel avait échappé de peu au malheur, alléluia ! Avec une joie et un dévouement franciscains – du moins, je me plus à le croire –, je rafraîchis son corps à l'aide d'un gant mouillé d'un mélange d'eau et de parfum. Je procédai par petites touches, en particulier quand il me fallut aborder le visage, de façon à ne pas réveiller la douleur. Puisque j'effectuai plusieurs allers-retours entre la salle de bains et la chambre afin de laver le gant et de l'imbiber encore, l'opération dura un bon moment, pendant lequel mon ami demeura aussi immobile qu'un gisant. L'idée brutale me traversa que je m'étais réjoui trop tôt : à l'intérieur de lui, un organe avait été irrémédiablement lésé. Je me livrais à la toilette d'un mort en sursis dont le cœur cesserait de battre dans une minute. Jetant le gant sur le parquet, saisi de panique, j'étreignis Kamel comme si je voulais lui insuffler mon élan vital.

– Alors, dit-il, tu me gardes ?

Je murmurai le oui de quelqu'un qui se marie à l'église. Décidément, la scène péchait par excès de ferveur. J'eus la double impression d'être guidé au centre d'un lieu de délices et de pénétrer dans un piège. En tout cas mon effroi se dissipait au profit d'un bis de félicité que mon ironie naturelle n'arrivait pas à endiguer. Kamel et moi venions de sceller un pacte d'alliance, un *gentleman's agreement*, qui se maintiendrait jusqu'à la mort, plus la sienne bien sûr, la mienne selon la loi de l'âge. À mon tour, je serais couché – ça se passerait dans dix, quinze ou trente ans – et Kamel manierait le gant mouillé pour la toilette de mon corps à l'agonie. Il m'aiderait à franchir le cap inconnu comme j'ai aidé Claude à le faire. Acte ultime de l'amour qui le résume et le justifie.

– Tu me gardes... pas seulement ce soir ?

Inutile de répondre cette fois, la cause était entendue. Nous avons bavardé de broutilles afin de ne pas gâcher, lui par une sombre évocation, moi par une curiosité inquiète, le climat de confiance absolue que nous avions inventé.

– C'est calme chez toi, constata Kamel, alors qu'au jour qui diminuait succédait la caresse de l'ombre.

– Tu peux dire chez nous.

Durant la semaine, il m'apprit le déroulement de ce que j'ai appelé aussitôt l'accident dans un souci de dédramatisation. Pour mieux m'en débarrasser, j'en écrivis le récit qu'on a lu. Kamel, de son côté, tenta de me rassurer sur les conséquences de son acte : Ali, qu'il continuait à voir, et Laura, qui restait l'amante des week-ends, s'étaient renseignés au sujet de David. Plus de raison de s'angoisser : après avoir subi d'emblée une intervention à l'hôpital, il l'avait quitté quarante-huit heures plus tard, frais comme une rose. En outre, fidèle au code de l'honneur pratiqué en banlieue, il s'était refusé à porter plainte. Il méditait une vengeance qu'il accomplirait sans le secours de la justice, prétendit Ali lors d'un dîner où nous l'avions invité : « T'as du bol qu'il ignore ta planque, il veut te défigurer au rasoir », précisa-t-il à Kamel qui ne s'en émut pas : « Il est encore sous le choc mais, entre lui et moi, ça finira par s'arranger. » L'image de son visage en lambeaux sous le rasoir ne m'affola pas comme elle aurait dû. Je me persuadai aussi que tout finirait par s'arranger. Logeant chez moi, Kamel ne risquait rien. Il avait repris bonne et belle mine. Quant au nez cassé, personne ne s'en rendait compte parmi les familiers auxquels je le présentais. Il n'était plus un marginal dans ma vie, je l'entraînais au théâtre, à des réceptions diverses, fier de lui parce qu'il s'y comportait avec une aisance souriante et cette fausse timidité qui trahit d'ordinaire une excellente éducation. Pas de doute, il était doué. Ces dons, il aurait à les épanouir dans un métier que je me faisais fort de lui dénicher : quelque chose comme vendeur d'une boutique de mode par exemple. On y songerait à la rentrée d'automne.

L'été, notre premier été, combla mon désir de voyager vers une île avec lui. Jérôme, un des plus anciens parmi mes amis, celui dont je me sens le plus fraternellement proche, nous proposa de le rejoindre sur un voilier qu'il avait mené au large des Canaries. D'une baie à l'autre, en compagnie de ses deux enfants, une fille de quinze ans et un garçon de dix – merveilleux de juvénile éclat –, nous y avons vécu, très Robinson au soleil, parfois éclaboussés d'écume sur le pont, parfois somnolents sur le matelas de notre cabine, des heures lentes et pleines, coupées de baignades et de baisers. La nuit, comme le bateau mouillait la plupart du temps à proximité d'un port, Kamel et moi empruntions le canot pneumatique, nommé l'annexe, et, le moteur embrayé, regagnions le rivage pour boire un gin-tonic à une terrasse du bord de mer. Je me souviens de ce café de Corralejo où, la fraîcheur ayant chassé les clients, nous étions seuls à siroter notre alcool favori. Kamel me confia qu'il lui arrivait de penser un truc bizarre : le samedi de Pentecôte, il n'avait pas blessé David, non, ce n'était pas la réalité, un cauchemar, juste un cauchemar.

De retour à Paris ce mois d'août, la réalité et le cauchemar se sont confondus. Le 18, des policiers font irruption chez les parents de Kamel avec un mandat d'arrêt à son encontre : « Tentative de meurtre ! » dit au téléphone la mère en larmes. Le 19, au téléphone toujours, un inspecteur me demande si j'ai vu le délinquant récemment : « Nous savons que vous entretenez des relations suivies. » La menace pointe derrière la politesse : « Ce ne serait pas judicieux pour vous de le cacher dans votre appartement. » La menace je m'en fous mais je me maudis d'avoir minimisé la faute de Kamel. Comment ai-je pu supposer qu'on allait l'oublier, qu'il n'aurait pas à la payer, et plus cher à mesure que les mois passaient ? J'ai agi en irresponsable. Au lieu de lui permettre d'affronter la vérité, j'ai contribué à la brouiller jusqu'à l'inexistence.

– Kamel, sois courageux.

– Je veux pas la prison.

– Il n'y a pas d'issue.

– Je fuis en Kabylie dans la famille de mon père. Viens avec moi.

– Ne parle pas comme un gosse.

Il a peur. Son cas est plus grave que je crois. II m'a menti : les flics sont à ses trousses, ils ont interrogé David à l'hôpital et les autres en tant que témoins. Un capitaine a prévenu Laura : « Si votre copain se moque de notre convocation, il n'a pas de chance de s'en tirer. » Donc il était foutu.

– Rien n'est foutu si tu te rends.

– Des années au trou…

– Je connais un avocat formidable, il te fera sortir très vite.

Je m'apprête à aligner des arguments. Ce ne sera pas la peine. Une volte-face inespérée : il se résigne, ne discute plus… j'ai raison, il m'approuve. Simplement il ne faut pas qu'il attende trop, sinon il n'aura plus la force… Il a tellement hâte de courir se livrer qu'il ne s'accorde pas une seconde pour m'embrasser.

Première visite

J'ai enfin obtenu le permis de visite. Ce lundi de septembre, j'attends devant l'entrée de Fleury-Mérogis. Une trentaine de personnes attendent aussi : une majorité de femmes, noires et arabes, avec des enfants en bas âge. S'y ajoutent trois types isolés, deux filles blondes très maquillées, qui ont l'air bonnes amies, et un couple de petits vieux cent pour cent terroir, papy et mammy soudés bras dessus bras dessous pour résister à l'adversité. Je me tiens en retrait jusqu'à l'instant – neuf heures moins le quart – où apparaît un gardien en costume de gardien (peu seyant) qui commence à faire l'appel d'une voix de ténor enroué, en plus il n'articule pas... ou alors je deviens sourd. Ce sont les noms de prisonniers qu'il énumère. Au patronyme de Kamel, je marche vers l'aboyeur déficient puis pénètre dans l'enceinte derrière le couple de petits vieux.

À l'intérieur, un obstacle se présente, un de ces portiques de contrôle semblable à ceux des aéroports. D'habitude, dès qu'ils me flairent, ils se déchaînent. Ici, aucune alarme ne se déclenche après que j'ai déposé mes clés et ma monnaie dans la corbeille réservée à cet effet. Mon trésor récupéré, je suis le mouvement, c'est-à-dire que je gravis un escalier qui oblique sur la gauche en direction du premier étage. Là, on s'agglutine autour d'un guichet où l'on subit un second appel. Contre ma carte d'identité, un gardien me remet sans un mot un bout de carton usagé qui porte le numéro 18 écrit au crayon et une fiche de plus grand format qu'il a tamponnée de la date d'aujourd'hui : mon laissez-passer. Collée dans le coin du haut, j'y découvre ma photo : une tête d'intellectuel vaguement sensible et revenu de tout, image que j'ai en horreur. Il me faudra faire un effort pour me greffer une expression moins mélancolique, sinon je casserai le moral de Kamel qui ne doit déjà pas être au beau fixe. Plus loin, un autre gardien s'absorbe dans la lecture d'un registre. Il demande si je désire prendre un nouveau rendez-vous, les prisonniers pouvant bénéficier de trois visites par semaine : ainsi Kamel recevra Laura mercredi, sa mère vendredi et encore moi lundi prochain.

Une vaste pièce circulaire accueille ensuite notre troupeau. « Vaste pièce circulaire », c'est nul comme description mais l'endroit est si vide lui-même, à mi-chemin entre la piste de cirque et le hall de gare. D'ailleurs on y trouve des casiers de consigne qui suscitent la ruée. Je me renseigne auprès d'une des filles blondes, fière de me communiquer son savoir : indispensable de s'en choisir un, de casier, on s'y débarrasse des objets en métal, des montres, des ceintures à cause de leur boucle... une fois qu'on a bien rangé son bazar, on claque la porte et on compose quatre chiffres sur le bidule, le cadran... comme les téléphones quand on était mômes... ne pas oublier les chiffres parce que tout à l'heure sans eux, ça ne fonctionnerait pas... ne pas oublier non plus le franc à glisser dans la fente... justement elle n'a pas de monnaie... aurais-je la gentillesse de les dépanner, elle et sa copine ?... pas d'inquiétude, à la sortie l'appareil vous rembourse...

On n'est guère flambard, délesté de sa ceinture. Par chance, mon pantalon me serre à la taille, ce qui m'empêche de m'y cramponner comme cet homme de mon âge, soucieux de sa dignité en péril : de dos, ça lui donne une allure chaplinesque. Si je n'économisais pas mes sentiments, j'irais l'assurer de ma sympathie : cher monsieur, ne vous croyez pas ridicule, je n'en mène pas large non plus. Et nous franchirions en vainqueurs la grille qui vient de s'ouvrir au-dessous de l'inscription *Familles*. Familles, je vous plains, obligées de vous engouffrer dans ce couloir et d'être bloquées devant un portique de contrôle, frère jumeau du précédent. Beaucoup plus susceptible, celui-là ! il sonne sans pitié aussitôt que quelque chose ne lui plaît pas, un bijou toc, des lunettes, une paire de souliers à talons ferrés : mon pauvre Charlot – il faut toujours qu'il y ait un souffre-douleur dans un groupe – est prié de retirer les siens, nous révélant les trous de ses chaussettes. Pas très serein, bien que s'il m'arrivait une telle mésaventure j'offrirais aux regards des chaussettes impeccables, je m'engage à mon tour. Le portique m'ignore. Ouf ! Lorsque la dernière d'entre nous, une Noire majestueuse, s'est déjouée du piège, un gardien – incapable de dire à quoi il ressemble, un anonyme de cette société anonyme – referme la grille. Nous sommes vraiment en prison.

Le couloir, long de vingt mètres environ, est meublé de rudes bancs de bois alignés contre des murs qui, eux, se distinguent par une teinte rose d'hôtel de passe. Je m'assieds à côté du couple de petits vieux réfugié dans un mutisme que je ne m'emploierai pas à rompre. Leur secret ne m'intéresse pas ni leur évident chagrin : gare à la contagion ! Ce matin, au réveil, fou d'impatience à l'idée de revoir Kamel après un mois de séparation forcée, je me suis aspergé d'eau presque froide pour calmer une nervosité que j'estimais nuisible. Le traitement aurait-il réussi à l'excès ? Davantage qu'au calme, je suis parvenu à l'atonie. La faute en incombe plutôt à ce couloir débilitant, privé de la lumière du dehors qui bute sur l'opacité crasseuse de minuscules vitres rectangulaires en bordure là-haut. À la place, on nous inflige l'éclat du néon sous lequel notre échantillon d'humanité paraît frappé d'une maladie incurable. Le maquillage outré des filles blondes – le rouge sang des lèvres, le noir sur les paupières – accuse encore l'aspect blafard de leur peau. Ce sont des masques, mais des masques qui conservent l'énergie de s'exprimer... car pour parler, elles parlent :

– Non, sept ans, c'est trop...

– C'est pas le bout du monde et puis avec les remises de peine...

– Si ton mec prend sept ans... à mon avis, pour ton bien...

– Je sais ce que tu vas dire...

– Moi, le mien, il en a eu cinq. Cinq, c'est la limite, je te jure... Sept, c'est pas jouable...

– J'ai confiance... d'abord, il prendra peut-être pas sept ans...

– Avec ce qu'il a fait... je veux pas te décourager... s'ils lui donnent pas sept ans, il aura le cul bordé de nouilles...

– Il a le cul bordé de nouilles...

– Dans ce cas, il n'a pas besoin de toi... Donc, pour ton bien, franchement...

– Je l'aime...

– Bof...

– Quoi bof ?

– Qu'est-ce qu'il a de si terrible ?

– Il est sympa...

– Des sympas comme lui, y en a plein les rues. Et pas aussi cinglés avec les flingues...

– Chut...

– Pour ton bien...

– Mon bien, mon bien...

– Tu restes pas pendant sept ans à te ronger, c'est pas une vie...

– C'est vrai que c'est dur...

– Pour ton bien... tu es jeune, t'as pas de gosse de lui... Tu te rends compte, le bol ?

– Libre...

– Exact ! Et tu en profites, tu t'amuses... Vaut mieux ça que s'ennuyer...

– Je m'occupe...

– Tu rouilles...

– Je rouille pas...

– Si.

La mauvaise conseillère – celle qui fut la bonne au sujet du casier – n'aura pas de mal à convaincre sa copine. L'amour est une illusion et la fidélité un mensonge. Avec cette phrase, dont la puissante originalité ne m'échappe pas, je pourrais m'introduire dans leur bavardage, d'autant qu'elles sont juste en face et que je n'aurais pas à crier pour être entendu. Je suppose qu'elles me rembarreraient par un « de quoi je me mêle ? » car si, en comédiennes accomplies, elles ont produit leur spectacle à mon intention, elles n'ont aucune envie de m'inviter sur scène à leur côté, les artistes ne reconnaissant au public que le talent d'admirer.

Combien de temps nous laissera-t-on moisir – sinon rouiller ! – sous ces sunlights impitoyables ? Sur les genoux de sa maman africaine, un enfant a une crise de larmes. Elle essaie de le consoler : « Ne pleure pas, allons, ne pleure pas. » Elle le mouche, caresse ses jolis cheveux crépus : « Sois mignon. Dans une minute, on verra papa. Un petit garçon qui pleure, c'est pas ce qu'il lui faut. Il lui faut un petit garçon gai. Je t'en prie, mon chéri, mon poussin, sois gai quand on sera près de lui. »

Je serai gai quand je serai près de Kamel. Enfin... pas trop gai, qu'il ne s'imagine pas que son absence ne me pèse pas. Je lui avouerai qu'il me manque énormément. Oui, je risquerai « énormément », mais sur un ton léger afin de ne pas succomber à une faiblesse de mauvais aloi. C'est lui la victime, moi je n'en suis une que par ricochet. Je l'écouterai. En fonction de ce qu'il me dira, je réagirai, j'improviserai comme j'en ai l'habitude au cours d'émissions de radio que j'anime sur France Culture : de brèves relances aptes à le guider vers des révélations plus précises sur lui-même, ce qui m'aidera à l'aider. Souvent Kamel me reproche, par mes questions, de le pousser dans ses retranchements : « Tu veux toujours tout savoir, tu me gonfles : je suis pas un cobaye devant ton micro. » Il craint, sans se l'expliquer clairement, que j'emploie les ficelles de mon métier d'interviewer pour le réduire à ma merci, le posséder tel un objet de collection. J'ai eu tort de lui évoquer, avec une vanité de Don Juan sur le retour – et parce que je n'ai plus confiance en ma séduction –, l'abondance de mes aventures. Il m'a demandé une fois : « Sur ta liste, mon numéro, il est à trois ou à quatre chiffres ? » Hélas, si je compte les dragues d'un soir durant trente ans, j'aboutis à quatre chiffres... comme sur le cadran du casier de la consigne. Je lui ai répondu : « Tu n'as pas de numéro. »

Faux : ce matin, à Fleury-Mérogis, il a un numéro, un numéro à deux chiffres : 18. On vient de déverrouiller la porte du fond du couloir. Chacun se lève et se précipite. À cet instant seulement, je m'aperçois que des postes de télévision éteints sont suspendus au plafond. Bravo pour mon sens de l'observation ! J'en demeure si étonné que je ne participe pas à l'élan général. « Dépêchez-vous ! » me dit le gardien affecté au déverrouillage. Écolier fautif, je rejoins en vitesse la queue du peloton dans un nouveau couloir garni à droite, sur toute sa longueur, d'une série de nouvelles portes, vitrées elles. Numéro 18, c'est la sienne ou la mienne, et, derrière, c'est une petite cabine, la nôtre.

Difficile de concevoir un lieu plus laid et moins confortable. D'abord la couleur de chiottes des cloisons : jaunâtre en haut, marron en bas, on y chercherait des traces de merde. Puis, séparant le maigre espace en deux parties égales – une pour le prisonnier, une pour le visiteur – un bloc en pierre de la dimension d'une table de cuisine dont on aurait revêtu le plateau de carreaux de céramique peints en vert (certains arrachés). Lorsqu'on s'assied sur un tabouret devant cet ouvrage d'art – je viens de le faire –, on s'y cogne les jambes.

Le gardien qui m'a apostrophé boucle la porte vitrée dans mon dos. Du côté opposé de la cabine, une porte vitrée identique, par où doit apparaître Kamel, est restée entrouverte sur un autre couloir désert. Sans doute se trouve-t-il à une très faible distance, décidé à bondir vers moi dès qu'on l'y autorisera. J'éprouve une peur panique comme si je m'apprêtais à subir un examen sur des matières jamais abordées. Pourvu que je ne le déçoive pas, pourvu qu'il ne me sente pas aussi fragile que lui, pourvu que je sois capable de... pourvu que j'arrive à...

Le serrer dans mes bras. Il a surgi et, avant qu'on se dévisage, avant qu'on se dise un mot, je le serre dans mes bras et il me serre dans ses bras. Malgré la table de pierre dont le bord me scie les cuisses, je n'aurais pu rêver à un contact plus étroit. Au moment où l'on se détache, nos regards se rencontrent. Ses yeux sont humides mais les larmes ne coulent pas. Mes yeux, de la même façon, tentent d'être doux sans l'épanchement incongru. On se replie sur nos tabourets, accrochés encore par nos mains qui calment, en mélangeant leurs doigts, leur tremblement mutuel. Il y a un mois, dans la baie de Papagayo, j'ai plongé du bateau de Jérôme : natif du Cancer, j'adore batifoler dans l'eau avec une élégance de crabe. Tout à la joie de ma nage pataude, je me suis rendu compte que j'avais creusé, entre le bateau et moi, un écart que je peinai à combler quand il s'agit de revenir. Témoins de mes efforts, Jérôme, ses enfants et Kamel voulurent se jeter à mon secours. Acte qui se révéla inutile : grâce à une vague favorable, je fus poussé à quelques centimètres de l'arrière du bateau. Les mains de Kamel s'emparèrent de mes mains avec tant de rapidité, de violence non maîtrisée, que je me rappelle avoir pensé, délicieusement surpris : c'est fou ce qu'il tient à moi ! De ce bateau à cette cabine de parloir, nos mains ne se sont pas dénouées.

– Lâche-moi, Christian… faut pas que ce con de gardien nous remarque.

– Je comprends.

Ledit gardien, moins planton que ses collègues, fait les cent pas dans le couloir côté prisonniers, chargé de guetter les échanges illicites. Nos mains se quittent donc… ça n'a plus d'importance, ce n'est pas la réalité, une simple convention, un tribut à payer à la bêtise. Mon unique souci : ne pas laisser s'installer le silence.

– Kamel…

– Oui...

– On t'a coupé les cheveux...

– Le coiffeur d'ici, un débile : il coupe pas, il tond. Je te plais quand même ?

– Devine.

– Je connaissais pas ce pull... t'as pas chaud avec ?

– Je l'ai acheté samedi pour l'étrenner en ton honneur. Et toi, ton tee-shirt, je l'avais pas vu...

– Cadeau de mon compagnon de cellule... j'ai choisi le mieux de la collection.

– Bleu clair, j'aime bien... il est comment, ton compagnon de cellule ?

– Gentil... il a craché à la gueule d'un juge.

– À propos de juge...

Je lui apporte des nouvelles fraîches : le juge qui instruit son affaire le convoquera dans deux semaines pour une confrontation... il est déjà au courant, il a reçu la lettre.

– Laura et mes potes poseront pas de lapin. David, je suis sûr qu'il se défilera : avec son casier, il a pas intérêt à se pointer.

– S'il ne se montre pas, ce sera tout bénéfice...

– Les assises... putain ! Les assises... ça me fout les boules...

– On ne t'enverra pas aux assises, tu n'es pas coupable d'un crime.

– Tentative de meurtre !

– Aucune commune mesure entre une tentative et un vrai meurtre.

– Ils ont écrit « assises » sur le papier...

– Purement formel. Notre avocat m'a garanti que c'était une étape obligatoire de la procédure, à cause du mandat d'arrêt... trop long à t'expliquer... bref il y aura, à la fin, requalification en correctionnelle.

Fabrice, « notre » avocat, m'a été recommandé par une amie proche, également avocate : « Excellent au pénal et hyper consciencieux. » L'homme, d'une trentaine d'années, m'ayant paru en outre de contact agréable – cultivé sans ostentation –, je lui ai accordé sur-le-champ ma confiance. Je vante ses mérites à Kamel qui ne les discute pas : il a croisé Fabrice juste avant son incarcération :

– Un type cool, pas prétentieux. Il m'a dit de pas m'affoler, qu'il s'occupait de mes problèmes. Il m'a pas dit combien je risque. Et à toi ?

– À moi non plus.

En effet, lors de notre rencontre, il a évité de hasarder un pronostic sur la sanction : « À l'examen du dossier, rien de franchement mauvais : en tant que mineur une petite condamnation pour un vol – banal dans le contexte social de Kamel –, évidemment, avec les coups de couteau, ça devient plus sérieux... assez sérieux. »

– Tu me mens pas ? Tu me caches pas quelque chose ? Qu'ils me colleront cinq ans ?

– Pourquoi pas la perpétuité ?

Comme mon pauvre essai d'humour ne le déride pas, je change de tactique pour adoucir la vérité :

– Fabrice, qui s'est penché avec beaucoup d'attention sur ton dossier, le considère plutôt bon... assez bon.

Je développe les points à verser à son crédit que m'a

indiqués l'avocat : son travail épisodique dans un centre de vacances, une éventuelle promesse d'embauche et surtout mon engagement à le loger dès sa remise en liberté :

– Tu seras condamné à me supporter.

Cette fois, il s'arrache un sourire :

– Après la prison à Fleury, le bagne chez Cricri.

Il lui arrive d'utiliser ce diminutif dérisoire. Ma mère m'appelait « Mon Cric » et Claude « Criquet ». Aux différents âges de ma vie, ceux qui m'ont aimé se sont adressés à moi comme à un enfant. Il est vrai qu'aimer consiste à ne pas sortir de l'enfance. Ainsi n'ai-je pas accédé à l'état d'adulte. J'ai la faiblesse de croire qu'il s'agit d'une grâce.

– Comment ça va à la maison ? demande Kamel.

– Le bagne est désert.

– Désert sans personne ?

– C'est une des caractéristiques d'un endroit désert.

– Tu laves toujours tes chemises dans le lavabo ?

– Plus que jamais.

– Et tu chantes tes chansons de l'ancien temps sous la douche ?

– Un peu moins.

– À quel resto tu dînes ce soir ?

– Chez le Libanais.

– Avec qui ? tes potes écrivains : Patrick, Gabriel ?

– Jean et José, un metteur en scène et un peintre.

– Ils savent que j'existe ?

– Autour de moi, tout le monde sait que tu existes.

Après cette déclaration un brin emphatique, dont j'ai

accouché pour qu'il se sente assuré de mon affection, il continue à m'interroger sur mon quotidien alors que je souhaiterais m'informer du sien. Il élude mes questions là-dessus avec une détermination souriante qui semble signifier que je n'ai pas à me tracasser à son sujet. Je m'étais préparé à l'écouter et c'est moi qui parle. Soudain je me tais : le gardien s'agite dans le couloir.

– C'est fini, dit Kamel.

Il se lève, je me lève et l'on s'embrasse comme au début. Je bafouille :

– On n'a presque pas... ça ne suffit pas, une demi-heure... on s'est à peine...

– Tu m'écris.

– Tu me réponds.

– À lundi.

Il me paraît loin ce lundi de la semaine prochaine, aussi loin que s'il se situait dans un futur de science-fiction.

– Tu me manques.

Mes derniers mots pour aujourd'hui, murmurés si bas – étranglé mon ton léger ! – que je crains qu'il ne les ait pas entendus. Je n'ai pas ajouté « énormément » comme je me l'étais promis. Heureux réflexe : l'adverbe adipeux aurait introduit l'indécence du mélodrame dans notre modeste tragédie.

Correspondance

Je deviens aveugle. Ou c'est mon regard qui devient inexplicablement sélectif : à Fleury, il a enregistré à peu près l'état des lieux, l'allure de la petite troupe des visiteurs, en revanche rien, ou si peu, sur Kamel. J'ai noté, dès son apparition, ses yeux humides, ses cheveux ras, puis un vague sourire qui, né au forceps à la suite d'une plaisanterie, s'est accentué et ne l'a pas quitté jusqu'à mon départ. Enfin, je n'en suis pas certain : j'ai eu l'impression qu'il souriait, comme j'ai eu l'impression qu'il conservait un calme auquel il ne m'a guère accoutumé. Peut-être est-ce à cause de l'extrême tension qui m'habitait – tout le contraire de son calme, sauf s'il était une feinte – que j'ai baissé les paupières pour ne pas affronter sa présence physique qui aurait augmenté mon trouble. Déçu qu'il ne me reste du Kamel emprisonné que cette image floue, je me trouve frustré de ne pas avoir obtenu quelques détails sur son emploi du temps. Il a su me tenir à distance, moi et mes questions. Qu'a-t-il à me dissimuler ?

Je lui envoie une lettre en faisant attention – car le courrier est évidemment décacheté et lu avant de parvenir à son destinataire – qu'un lyrisme trop chaleureux n'enflamme ma prose. Ce n'est pas, en général, un danger qui me guette. Je pèche par sécheresse plus que par abandon. Résultat : je suis un piètre épistolier, n'arrivant pas à exprimer ce qu'il a sur le cœur, censurant la passion aussitôt qu'elle émerge, Dieu et les pasteurs cévenols savent pourquoi. Quant à Kamel, j'espère qu'il lira entre les lignes. Voici l'aboutissement d'une heure d'effort :

Cher Kamel,

Depuis que je suis rentré de Fleury, depuis hier donc, je ne cesse de penser à notre rencontre au parloir. Je tente de la revivre, de m'en rappeler l'essentiel, c'est-à-dire toi. De toi, j'aurais aimé que tu me parles davantage. Tu as l'air de tenir le coup et même d'être en bonne forme. Il te faut du courage, bravo ! je t'admire. N'oublie pas que je demeure à tes côtés quoique nous soyons provisoirement séparés. S'il existe une chose dont tu dois te persuader, c'est que je ne t'abandonnerai pas pendant l'épreuve que tu traverses. Par conséquent, n'aie aucune hésitation à me confier tes difficultés ou tes besoins. Je t'aiderai, autant que l'autorise le règlement de la prison.

Ici, dans l'appartement, ça ressemble à Waterloo morne plaine (Waterloo – je rafraîchis tes souvenirs scolaires – est une défaite de l'empereur Napoléon, un Corse comme moi, en moins sympathique). Je marche de long en large, slalomant entre les livres et les tableaux. Je lis, j'écoute de la musique : la routine. Quand tu étais là, il y avait toujours un vêtement qui traînait, une paire de baskets, plein de mégots dans le cendrier. Maintenant, je n'ai rien à ranger. Je m'ennuie. Alors je me suis mis à écrire... après tout, c'est mon boulot ! Une pièce de théâtre à deux personnages : le premier un auteur un peu dans mon genre, le second un jeune homme un peu dans le tien. Le meilleur rôle pour le jeune homme, bien entendu.

Avec mes amis, ceux que tu connais et ceux que tu ne connais pas, as-tu idée du principal sujet de conversation ? Monsieur Kamel soi-même. De certains, tu recevras des cartes postales. Quand tu sortiras – ce sera plus tôt que tu n'imagines –, on organisera une grande fête puisqu'on a ton anniversaire à rattraper. Tes vingt et un ans t'attendent, ils ne commenceront vraiment qu'après la parenthèse. D'ici là, Kamel, continue à être patient. Comme tu me le conseilles en rigolant lorsque je m'énerve : « Reste zen. »

Vendredi, je dînerai avec Fabrice, l'avocat. Rendez-vous au Monteverdi où tu choisis chaque fois des gnocchi au gorgonzola. J'en commanderai, bien que ce ne soit pas l'idéal pour ma ligne. Tu ne m'as pas dit si tu mangeais correctement. Question boisson, je suppose que l'alcool est supprimé. J'essaierai, par sympathie, de me contenter d'eau minérale mais je ne garantis pas le succès de l'entreprise. Fabrice m'expliquera comment il compte procéder pour ta défense : avec lui aussi, avec lui surtout, tu seras au centre de la conversation et tes oreilles risquent de siffler... Finalement, dans ce mauvais moment, tu es encore un veinard parce que tu n'es pas seul. Nous sommes en manœuvre.

« T'inquiète ! » ça vaut « Reste zen » et tu me le sers

plus souvent : « J'ai perdu les clés, t'inquiète ! » ou « J'ai dépensé mon fric, t'inquiète ! » À mon tour : « Kamel, je dirige ta protection rapprochée, t'inquiète ! »

Ton vieux

Christian

P.-S. Réponds-moi tout de suite, please ! À lundi matin, je t'embrasse.

Vendredi après-midi, dans ma boîte, parmi quelques enveloppes, j'en repère une en provenance de Sainte-Geneviève-des-Bois : « Sainte-Geneviève-des-Bois, ville fleurie, dynamique, son donjon, ses parcs », annonce la flamme. Au dos, Kamel a inscrit son nom, son numéro d'écrou et l'adresse complète comme s'il avait peur que j'aie voulu la rayer de mon esprit : « Maison d'Arrêt des Hommes de Fleury-Mérogis, 7 Avenue des Peupliers, 91705, Ste Geneviève des Bois. »

À l'intérieur, se trouve une feuille de papier quadrillé qu'il a remplie *recto verso* de son écriture appliquée, légèrement inclinée vers la gauche, d'une régularité compacte ignorante de l'alinéa. Sans mot raturé, l'ensemble dégage une harmonie qui m'étonne plus que l'aisance de l'expression, calquée sur sa parole. L'orthographe est catastrophique : « savat » pour ça va et « je c'est » pour je sais, entre autres absurdités. Kamel a fréquenté le collège jusqu'en troisième, prouvant la faillite totale d'un système d'enseignement sans doute victime d'ineptes circulaires officielles. Malgré des dons très limités d'éducateur, je me promets, en un temps record, d'apprendre à Kamel, non pas à ne plus faire de fautes (j'en fais pas mal, et de burlesques), mais à le débarrasser de ces versions phonétiques en l'amenant à réfléchir aux non-sens qu'elles recouvrent : un petit exercice d'intelligence qui ne réclame qu'un minimum d'attention de sa part et de la mienne. Quelle attention porte-t-on vraiment aux gosses des banlieues, quel acte en leur faveur sinon celui de les punir une fois qu'ils se sont livrés à de dangereux dérapages ? Si l'on avait expliqué à Kamel la différence entre le verbe être et le verbe savoir, j'ai tendance à penser qu'il aurait maîtrisé la violence de ses pulsions et lâché le couteau avant de commettre l'irréparable. Il doit être sanctionné, soit. Devraient être au trou en sa compagnie les ministres incompétents de l'Éducation nationale.

Voici sa lettre, orthographe rétablie :

Cher Cricri,

Je t'écris comme convenu pour te dire que ça va et que j'essaie de tenir le coup, t'inquiète ! Je suis un peu triste, ici c'est la galère, mais un jour qui passe est un jour de moins sur ma peine. J'essaie aussi de ne pas trop me prendre la tête, sinon je déprime. Quant à toi, Cricri, tu te la prends beaucoup à cause de moi, je l'ai vu, ça me fait plaisir. Profite du calme qu'il y a rue Dutot, au fond du jardin, 1er étage à gauche, pour travailler. Le Gremlin est parti, il reviendra. Tu me liras la pièce de théâtre avec nous deux dedans et bientôt on verra cette pièce de toi et moi dont je suis l'autre personne. J'apprécie à un point que tu peux pas imaginer. Bosse à fond, Cricri, car je ferai de même quand je sortirai, tu seras fier du changement, on boira le bon champagne que t'a offert l'éditeur, ici c'est eau du robinet, café et Coca. Au parloir tu m'as dit : « Tu me manques » et je te dis : « Tu me manques », ainsi que Jérôme, ses enfants, tous les amis qui ne m'abandonnent pas, je sais. J'attends les cartes postales de tes collègues écrivains. Je voudrais que tu appelles ma mère et que tu la tiennes au courant de ce qui se passe avec l'avocat Fabrice, qu'elle soit tranquille, et que tu lui envoies les belles photos de cet été lorsque je suis sur le bateau et choisis les dernières parce que sur les premières je ne suis pas encore bronzé comme il faut. Laura t'appellera, elle aimerait te connaître, c'est ma copine la dodue qui vient me voir, elle est gentille. Et appelle Félicia, tu ne la connais pas, c'est une copine moins dodue, tu lui racontes mon histoire mais chut à Laura sinon elle va se faire un film en trois dimensions. Et appelle Georges, tu ne le connais pas non plus, c'est un copain dans ton genre que j'ai connu avant toi, tu l'as supprimé, gentil également. Les numéros de téléphone sont dans le portable. Depuis l'affaire, le père de Laura lui a coupé les vivres. Félicia n'est pas riche. Georges est patron d'une entreprise de revêtement de sols, ça rapporte. Il pourrait m'envoyer un petit mandat. Merci pour le tien. Si tu n'étais pas là, Cricri, j'aurais déjà perdu la tête, le moral, tout, j'aurais tout perdu. Tu me soulages et tu es bien le seul qui restera toujours à mes côtés, sache que franchement je n'oublierai jamais. Un mandat à peu près chaque semaine, ça me servirait car l'argent part vite : location de la télé dans la cellule et j'ai besoin d'acheter pas mal de choses, sucre, shampoing, gant de toilette, serviette de bain, rien n'est gratuit. Ceux qui n'ont pas d'aide à l'extérieur, les pauvres avec les poches vides, ils sont sales et ramassent des boutons. C'est pourquoi je vais faire des provisions à la cantine (TRÈS CHER!) parce que la gamelle je la mange pas, à part le dessert qui est pas trop mauvais. Bon, maintenant je vais te quitter mais pas pour longtemps. Lundi on se verra au parloir. Quand tu m'écris la prochaine fois, mets des timbres dans l'enveloppe. Bisous.

Kamel

Je pense à toi comme tu penses à moi et même plus car j'ai que ça à penser.

Le bleu du ciel

Ce matin, craignant un embouteillage sur l'autoroute, je suis parti tôt de chez moi et j'arrive à Fleury avec une demi-heure d'avance. Au lieu d'attendre dehors – il bruine –, je me suis réfugié dans un abri situé à une centaine de mètres de l'entrée : une sorte de wagon désaffecté, absolument dégueulasse. Mégots et paquets de cigarettes écrasés jonchent un carrelage pas balayé depuis des lustres. À une extrémité, dans l'encoignure, un lavabo déborde de vomi. Au plafond, un tube de néon porte sur toute sa longueur ces mots énigmatiques : « Paganini – Sex 10 – Tour du Pin. » Un type debout, imperméable façon Colombo, grogne à mi-voix entre ses dents : « Connerie, quelle connerie ! » Je ne crois pas que ce soit à Paganini qu'il en veuille, mais au monde entier. Comme le monde entier est représenté ici par ma seule personne, je me hâte de foutre le camp.

Devant la prison, je repère quelques silhouettes : le couple de petits vieux – ils grignotent des croissants –, la Noire avec son enfant qui ne pleure pas encore, deux ou trois autres. C'est fou ce qu'on s'habitue : l'appel par le gardien (pas un ténor enroué cette fois, plutôt un baryton toulousain), le guichet des laissez-passer, les casiers de la consigne, les portiques de sécurité, marquent les étapes d'un parcours déjà familier. De même le couloir où l'on nous confine, ses bancs de bois et le rose de ses murs. Nouveauté : les postes de télévision au-dessus de nos têtes sont allumés. Au programme, un feuilleton : *Amour, Gloire et Beauté* qui, en moins d'une minute, pulvérise les frontières du ridicule, prônant un mode d'existence où les affaires font bon ménage avec les sentiments : fric et guimauve, cynisme et naïveté du rêve américain, caricature d'une civilisation, la nôtre hélas. « Connerie, quelle connerie ! » aurait répété Colombo qui n'a pas rejoint nos rangs. Mes voisins immédiats, assis en face, forment un couple, moins vieux que celui des petits vieux, la soixantaine peut-être, lui : béret sur le crâne, patron de bistrot d'un film de Carné, elle : robe sombre et fichu noir sur les cheveux blancs, paysanne d'un film de Donskoï. Gardant une immobilité de statue, remuant à peine les lèvres dans un visage empâté où ne survivent que des yeux bleus perdus au loin, elle s'adresse à nous d'une voix monocorde (film de Bresson) : « Est-ce que vous êtes croyants ? Je vous le demande. C'est une question grave, c'est la question. Ne répondez pas à la légère. » Personne n'a envie de répondre, chacun se donne l'air absent des passagers du métro lorsqu'un SDF réclame de la monnaie ou un ticket-restaurant. « Moi, Dieu m'a consolée, poursuit la mystique. Vous savez, mesdames et messieurs, je n'ai rencontré que des malheurs sur la terre. D'abord tous mes hommes buvaient, tous sans exception, mes frères, mes maris, mes fils. Ils me battaient, tous mes hommes me battaient. La maladie, la mort ont croisé ma route. S'il n'y avait pas eu Dieu au bord du chemin, je n'aurais pas eu la force... Dieu m'a guidée, Dieu m'a éclairée. Dieu nous accueillera dans son Paradis, en particulier celles qui ont eu à souffrir autant que moi, les sacrifiées, les crucifiées. » Le type au béret – un frère ou le mari actuel ? – murmure : « Mon Dieu, faites qu'elle se taise ! »

Elle continuera sa mélopée jusqu'à l'ouverture de la porte. Je bondis vers la cabine 17, pas plus accueillante que la 18 et disposée pareillement. Kamel se présente dans la même tenue que lundi dernier : tee-shirt bleu clair, qui serait assorti aux yeux de l'illuminée, mais taché en maints endroits, détail bizarre, presque inquiétant, quand je pense à sa coquetterie, au soin qu'il réserve à sa toilette.

– Je sais ce qui te choque, dit-il aussitôt après notre étreinte, je pue.

– Tu transpires, ça ne me gêne pas.

– On a droit qu'à deux douches par semaine et si tu voyais l'état dans lequel elles sont, les douches... J'ai donné mon pull à laver, le joli gris que tu m'as offert, ils me le rendront demain.

– Tu pourras le mettre pour la confrontation.

Je lui raconte le dîner avec Fabrice l'avocat qui a insisté sur le rôle que devra assumer Kamel devant le juge et les témoins. Pas un rôle d'ailleurs, il faudra qu'il soit naturel : ni arrogant (il n'y a pas de risque), ni timide (il y en a un), sans chercher à dissimuler la vérité quand il s'agira d'expliquer le déroulement de la soirée funeste.

– Je ne me souviens plus de tout exactement, c'est de la purée dans ma tête… j'avais bu et fumé.

– Tu n'étais pas dans ton état normal : avec de la chance, ça passera pour une circonstance atténuante.

– J'ai pas d'état normal.

J'aperçois sa canine mal alignée qui m'enchante : il vient de sourire plus vite que l'autre jour, un progrès ! Un vrai progrès, selon Fabrice, serait qu'il prenne conscience de son acte : « À mon avis, il aura besoin d'un psychothérapeute dans ce travail d'élucidation. » J'ai feint d'approuver bien que je demeure plus que sceptique à l'égard des psys, agacé de leur suffisance à nous assener, lorsqu'ils sont consultés par les médias avec davantage de dévotion que jadis l'oracle de Delphes, des lapalissades à propos des violeurs, des assassins, des victimes de catastrophe ferroviaire. Dès qu'ils prononcent, tel un sésame, le mot « traumatisme » avec un sérieux digne de Purgon et Diafoirus réunis, je me dis que je ne leur confierai jamais le moindre de mes secrets. Plusieurs de mes amis ayant eu recours à leurs services en sont revenus indemnes et même guéris, prétendent-ils, de certaines blessures intimes. Bon, je renonce à ce combat d'arrière-garde, je rends les armes… mais Kamel, celui que j'aime le plus, si je ne l'aime pas assez pour l'accoucher de sa faute sans intrus diplômé et d'éventuels dégâts mentaux, ce sera la preuve que je ne l'aime pas du tout.

– Tu as un peu réfléchi ?

– À quoi ?

– À ce que tu as fait.

– Quand ?

– Comment quand ? Chez Laura, ta bagarre avec David...

– J'essaie d'y penser le moins possible.

– Ce n'est pas ainsi que tu t'en délivreras.

– J'y penserai plus tard. Pas de morale, Cricri, s'il te plaît, pas ici.

– Excuse-moi.

Je suis un con d'avoir voulu précipiter les choses, le plus inepte des psys n'aurait pas tenté une manœuvre aussi maladroite.

– Excuse-moi vraiment, j'ai eu tort de t'embêter avec ça, mon petit Kamel.

– T'inquiète !

Il se lève à moitié pour m'embrasser sur la joue et, après un coup d'œil derrière lui, sur les lèvres.

– Et le gardien ? dis-je en me dégageant.

– Il croit que tu es mon oncle.

– Et tu embrasses ton oncle sur la bouche, drôle de famille !

– C'est courant dans la mafia.

– On recommence alors ?

– On serait pas à l'aise... à cause des sensations. On pourrait pas aboutir.

Dans une telle cabine, avec cette table de pierre qui nous sépare, j'imagine l'inconfort, quoique dans une voiture ce ne soit guère plus facile et pourtant nous nous y sommes exercés, lui et moi, moi sans lui et probablement lui sans moi. Mais aucun gardien ne surveillait ces amusantes acrobaties. Celui qui marche derrière la vitre d'un pas modéré n'a pas l'air très vigilant : un figurant au fond du décor. Nous sommes les vedettes d'une histoire qui ne lui appartient pas.

– Même Laura, j'évite de trop l'embrasser…

– Parce qu'il serait impossible de conclure ?

– Oui. D'ailleurs, j'en ai pas envie, j'ai pas la tête à ça en ce moment.

L'incarcération aurait-elle éteint des désirs d'habitude si vifs ? Cette apparence de calme, que j'avais déjà remarquée, résulterait-elle d'un traitement particulier ? Où ai-je lu qu'afin de ne pas connaître de problèmes avec les détenus, on versait du bromure dans leur café ?

– Il est bon le café ?

– Nul.

– Il a un goût bizarre ?

– Il a pas de goût, c'est de l'eau tiède. Pourquoi tu me parles du café ? Dis-moi plutôt si tu as téléphoné à Georges…

– J'ai laissé un message sur son répondeur en expliquant ta situation.

– Et à Félicia ?

– Là aussi, j'ai laissé un message en la priant de me rappeler. Ta mère en revanche, je l'ai eue. On a taillé une bavette. Elle m'a remercié de t'avoir procuré un avocat et elle s'est mise à plaider ta cause : « Monsieur Christian, l'avocat il faut qu'il sache que mon Kamel c'est pas le mauvais garçon. Il a simplement de mauvais copains… ah ! les copains, ils me plaisent pas, je l'avais prévenu : ne sors pas avec eux, ils t'embarqueront dans de sales affaires. Moi je suis sûre qu'ils l'ont poussé, qu'il y est pour rien, d'abord il a jamais eu de couteau sur lui : la preuve que c'est un autre qui a frappé. Croyez-moi, monsieur Christian, mon Kamel il a des principes et de l'honneur, il ose pas dénoncer le vrai coupable, il préfère payer à sa place. »

– Tu l'imites bien. Elle me voudrait innocent... je le suis un peu, non ? Pas trop d'accord, toi, j'ai compris. En tout cas, je suis pas méchant et ma mère elle est très gentille. Quand on jouera ta pièce dans un théâtre, notre pièce à nous, on l'invitera, elle sera fière.

– Ou choquée.

– Elle sera fière que j'aie un ami sérieux qui fasse de moi une star.

Inutile de le détourner de ce rêve puéril. Son sourire en train de renaître montre assez qu'il ne s'y abandonne pas sans ironie. Après l'avoir renseigné sur l'état de la pièce en question – à peine quelques pages –, j'ai hâte d'en revenir à lui, ce qu'il ne semble pas plus souhaiter que lors de notre première entrevue. Par monosyllabes, il me répète que ça va, puis me demande quels auteurs j'ai reçus à mon émission hebdomadaire de France Culture. En temps normal, il s'en moque. Ce brusque intérêt ne me trompe pas : une façon de s'abstraire de sa condition présente et, grâce au bavardage qu'il me réclame, de la chasser une minute ou deux, toujours ça de gagné sur la morosité ou le chagrin ! Pendant que Claude était à l'hôpital, quand on m'interrogeait sur sa maladie, alors qu'elle m'obsédait, je ne fournissais que de maigres détails : contrairement à une idée enracinée, chercher pour sa souffrance un auditeur compatissant augmente sa force destructrice. À être nommée, elle acquiert une réalité presque charnelle qui terrifie et submerge. On choisira donc de se taire, d'entendre sans les écouter des futilités inoffensives évoquant le murmure d'un monde que le malheur n'a pas atteint. Kamel, satisfait de celles que je lui sers, se prend à espérer :

– Bientôt je t'accompagnerai à la Maison de la Radio. À la speakerine qui est si belle, je dirai : bonjour, me revoici, on pourrait aller boire un verre au café d'à côté, vous vous souvenez de ma spéciale personne, unique dans le magasin ? Kamel, le filleul de Christian...

– Je ne suis plus ton oncle ?

– Parrain, je préfère.

– Toujours la mafia...

– La mafia de toi et de moi. Club privé, défense d'entrer.

– Laura et toi, c'est la mafia aussi ?

– Laura, c'est ma petite chérie que j'adore. Toi, je t'adore pas, tu es sacré, je t'aime.

Aucune émotion, ni dans sa voix, ni sur son visage qui reste souriant comme si cet aveu, dont il me réserve aujourd'hui la primeur, était une évidence, une chose ordinaire qu'on dit en passant. Pourquoi ne l'a-t-il pas fait durant nos fusions érotiques qui se prêtaient davantage à l'enthousiasme verbal ? J'ai dû y succomber à quelques reprises au moment du plaisir, peut-être pour remercier Kamel de me le procurer. Il réagissait par un ronronnement, une caresse, un « c'était cool » et une série de commentaires vantant notre performance. J'admire qu'il ait différé l'expression de ses sentiments : dans cette cabine où nous sommes coincés, où l'on ne nous autorise que de pauvres gestes, ce « je t'aime » discret, nettoyé de toute passion, résonne tel un coup de tonnerre. S'il n'est pas certain qu'il signifie plus qu'une marque de reconnaissance à mon égard, n'empêche que j'en suis bouleversé. Les mots me manquent et le « je t'aime » trop fervent qui répondrait au sien apporterait le déséquilibre entre nous. Dommage que je ne dispose pas de son « je t'aime » apaisé. Nous ne nous aimons pas sur le même ton, nous ne nous aimons pas de la même manière, nous ne nous aimons pas pour les mêmes raisons... et alors ? tant pis. Ou tant mieux.

– Tu dors, Cricri ?

– J'ai une vision.

– Ah ?

– Je vois qu'à la confrontation tu te débrouilleras comme un chef.

– Lundi prochain... ça me fout les boules. Heureusement l'avocat sera là et Laura aussi. Mercredi dernier, elle m'a promis qu'elle m'aiderait un maximum.

– Au téléphone, hier, elle me l'a confirmé.

– Les autres témoins, j'y compte pas beaucoup.

– C'est sur toi qu'il faut compter : ton astuce et ton charme, le juge n'y résistera pas.

– Tu prieras pour moi ?

– Je ne prie plus depuis cent ans mais, pour toi, je

ferai une exception. En supplément, j'allumerai un cierge dans l'église près de chez nous.

La bondieuserie menace. Derrière Kamel, sur le mur du couloir où marche le surveillant, s'étale une fresque naïve avec des chèvres broutant une herbe bien verte sous un ciel bien bleu, si absurdement bleu qu'on aurait envie de s'agenouiller devant.

Plus tard, à l'extérieur de la prison, la bruine a cessé. Ciel lavé, bleu comme sur la fresque, bleu comme sur le tee-shirt de Kamel, bleu sans les taches.

La confrontation

Je n'ai pas prié ni allumé de cierge. Quelque chose me gênait dans ces actes anodins : me retrouver dans la position d'un mendiant qui lance un SOS. Je préférais croire à la bonne étoile de Kamel, la mienne, celle qui nous avait fait nous rencontrer une nuit en bordure du Bois et nous protégerait sans que j'aie à la solliciter.

Quand je me réveille ce lundi décisif, le ciel est toujours bleu : excellent signe. Fabrice, l'avocat, me téléphone : « Si ça se passe bien, je demanderai au juge d'instruction la mise en liberté de Kamel jusqu'à son procès. » Il semble confiant, quel homme sympathique ! Il me retéléphonera dès qu'il sera sorti du Palais en fin d'après-midi. N'ayant rien de précis au programme de ma journée, j'essaie de suivre Kamel à la trace, d'imaginer comment il se comporte. Tôt ce matin on l'a appelé. Il s'est habillé en vitesse (le joli pull gris). Son compagnon de cellule lui a dit un truc du genre « Vas-y, fonce ! ». Il a répondu : « T'inquiète ! » On l'a menotté. On l'a poussé dans le panier à salade. Assis entre deux flics, il regarde l'autoroute sous le soleil. Arrivée à Paris par la porte d'Orléans. Paris avec les gens sur les trottoirs, les autobus, les magasins, les cinémas, peut-être un café où nous avons bu à la terrasse cet été. Traversée de la Seine, île de la Cité, entrée au Palais côté dépôt. Est-ce ainsi que ça se déroule ? Après tout, je ne sais pas. Il attend une heure, des heures, il fume... a-t-il le droit de fumer ? Il s'ennuie. J'attends aussi. Je lis un bout de roman, écoute deux fois un court trio avec piano de Florent Schmitt intitulé *Très lent*. Je m'énerve. Il se ronge les ongles. Déjeune-t-il ou non ? Je mange une pomme farineuse et une tablette de chocolat. On vient le chercher. Lui a-t-on retiré les menottes ou lui serrent-elles encore les poignets ? Voici l'escalier qui mène au bureau du juge.

Ne panique pas, mon petit Kamel, il ne s'agit pas d'une chambre de torture. C'est une pièce banale, un peu sombre avec beaucoup de dossiers sur les rayonnages. Il y a ton amie Laura et Fabrice, notre champion. Il y a la bande de tes copains, ils sont cons mais ne te veulent pas de mal. Quant au juge...

Je n'ai pas d'idée sur le juge. Je ne connais pas de juge. Ceux qui se produisent à la télé ne m'emballent pas plus que les psys : des donneurs de leçons, rigides comme les pasteurs des contes de Hawthorne et pénétrés de leur mission d'assainir la société. Méfiance envers les trop purs, les trop propres... Je me souviens d'un film suédois où une femme astiquait longuement un meuble déjà impeccable. Je me souviens de la mère d'un camarade de lycée qui, pour le préserver des microbes contenus dans la viande, lavait à grande eau ses biftecks avant de les cuire. Les partis pris ont suivi :

je range parmi mes adversaires la Suède et son hygiène maniaque, les mères et leur affection délirante.

Si ma mère vivait (elle est morte l'année dernière), j'aurais tenté de la joindre aujourd'hui : « Allô ! maman, ça va ? » simplement pour qu'elle me réplique : « Et toi, mon chéri ? » Jamais je ne l'ai informée des événements qui secouaient ma vie. Elle se serait empressée de m'accabler de conseils et de critiques : « Ton Kamel, c'est un voyou, tu souffres à cause de lui, oublie-le. Que penserais-tu si je m'invitais chez toi une semaine ? Je ferais la cuisine et le ménage. » Souvent j'ai refusé de telles propositions, de crainte d'être étouffé par son dévouement. Ma mère rêvait de l'époque où elle me berçait dans ses bras. Elle devait même rêver d'une période plus ancienne, celle où elle me gardait dans son ventre, au chaud, loin du monde, loin des autres qui me raviraient à elle. Son amour s'exerçait alors sans que je le contrarie. Puis je me suis échappé de la caverne. À la petite boule rouge criant au contact de l'air a succédé ce machin pas vraiment séduisant : un homme. Un étranger que ma mère encombrait avec son amour qui s'obstinait. Pourtant, de temps en temps, j'avais besoin qu'elle me murmure à l'oreille ce « mon chéri » dont personne ne retrouvera l'intonation désespérément tendrc.

Cet après-midi n'en finit pas. Pour m'occuper, j'entreprends, comme l'actrice suédoise, d'enlever la poussière sur les meubles du salon. À sa différence, j'accomplis un travail de forçat parce que la poussière, j'en découvre aussi sur le parquet, les bibliothèques, sous le canapé, les radiateurs, partout. Au moins, lorsque Kamel reviendra, il sera ébloui. Je jouerai les modestes : « J'ai délaissé la plume pour le plumeau. » Ce trait d'esprit ne l'amusera pas, il ne m'amuse pas non plus, il est idiot. M'allonger, fermer les yeux.

Cet après-midi finit par finir. Vers dix-huit heures, Fabrice me tire de mon apathie : « Ça s'est plutôt bien passé... » Le « plutôt bien » m'alerte. Dans la bouche de quelqu'un qui, par délicatesse, entend m'épargner, il signifie : « pas très bien ». Voyons de plus près. Comme Kamel l'avait pressenti, David, la victime, brilla par son absence. Les témoins ne furent pas au complet : outre Laura, ne se rendirent à la convocation que Mustapha et Marie-Jo. Ali, le chef de bande, dont nous espérions des paroles de soutien, se défila sans fournir d'excuse ainsi que les comparses Julie, Tom et Rita de Jésus, le travesti, dont nous n'espérions pas grand-chose. Pour défendre Kamel, Laura affirma que la gifle qu'elle en avait reçue ne méritait pas la réaction excessive de David : « Dans son code à lui, on ne gifle pas une femme en public mais, avec Kamel, on avait eu des disputes comme ça et on s'était arrangés. David – il était sympa à sa manière : il volait au secours de mon honneur –, en fait il a exigé que Kamel me demande pardon. Kamel ne l'a pas supporté : il s'est jeté sur lui. Ils se sont battus pour moi. » Il paraît, selon Fabrice, que Laura souligna d'un sourire cette partie de sa déclaration. Priée de décrire la bagarre elle-même, elle évoqua une mêlée confuse : « Ils étaient l'un contre l'autre, ils se tapaient à coups de poing, on ne distinguait rien, puis j'ai aperçu la lame d'un couteau, j'ai hurlé et c'est tout. » Tout ? Elle n'a pas suggéré que Kamel s'était cru en danger, qu'il avait saisi le couteau par instinct de préservation ? « Une aide trop manifeste, me répond Fabrice, n'aurait pas impressionné favorablement le juge : il se serait imaginé que Kamel, au parloir, avait dicté à sa copine sa version de l'affaire. » Pourquoi, en ce cas, s'il se méfiait d'un témoignage sous influence, a-t-il autorisé les visites de Laura à Fleury ? C'est incohérent. « Incohérent », répète l'avocat en écho à ma remarque. « Je ne suis pas certain, ajoute-t-il, que Laura ait mesuré la gravité de l'enjeu. Elle est arrivée, habillée comme pour un cocktail, avec sa montre Cartier en évidence. » Mustapha, lui, timide par trouille, prétendit n'avoir à peu près rien vu de l'affrontement : à ce moment-là, il buvait un verre d'eau à la cuisine. Il s'était précipité, mais trop tard. Et la troisième, cette Marie-Jo débarquée au milieu de la soirée ? « Une fille insensée, maigre à rayer les baignoires, une boule de nerfs. » Curieux : Kamel me l'avait dépeinte en droguée moribonde. « Je ne sais pas ce qu'elle avait absorbé, continue Fabrice, si elle s'était piquée… résultat des courses : un punch de furie. » Une furie déchaînée contre mon pauvre Kamel : « Je suis du 93, a-t-elle dit, et les cités, je les connais par cœur. Et les jeunes des cités, je les connais comme si je les avais faits, parce que j'en suis une de jeune, une du 93. Alors, les jeunes, y en a qui sont des bijoux, et y en a – excusez, monsieur le juge –, y en a qui sont des merdes ambulantes. » Dans la catégorie privilégiée, elle place David, un mec respecté sur le 93 et au-delà, généreux, franc, mille qualités. Dans la maudite, Kamel, un faux dur qui disjoncte après une bière et un pétard, prétentieux en plus, jaloux de David qu'il souhaite en vain égaler. « Une déposition cousue de fil blanc, commente Fabrice. Elle en était coiffée de son David : sa petite amie probablement. L'ennui, c'est que le juge... – Il n'a pas marché dans la combine ? – Peut-être pas, quoique la fille le divertissait. » Il commence à me courir sur le système, le juge ! Il me scandalise lorsque Fabrice me livre un détail de l'interrogatoire qu'a subi Kamel : « Quand êtes-vous tombé ? – Monsieur le juge, coupa aussitôt l'avocat, mon client n'est pas tombé, il s'est présenté de son plein gré à la police. – Au commissariat, précisa Kamel. – De toute façon, rétorqua le magistrat, on vous aurait attrapé. » Et moi qui lui avais garanti que sa reddition serait versée à son crédit... « C'est vrai, il a été déçu, la désinvolture du juge l'a humilié, mais après un instant de flottement, il ne s'en est pas mal tiré, expliquant son égarement passager par un état second loin de son naturel. Ses regrets dénotaient la sincérité. En conséquence, au terme de cette séance légèrement éprouvante, j'ai demandé, comme je vous l'avais annoncé, sa mise en liberté provisoire. Dans une semaine, le juge tranchera. Espérons. »

L'attitude du juge a ruiné mon espérance. Un mot de Kamel, daté du lendemain, la ranime :

Salut Cricri,

Ça va. Le match avec le juge et les autres, il était pas facile facile. Heureusement l'avocat était à côté de moi, il m'a défendu. Beaucoup de questions et beaucoup de prises de tête. Il me semble, j'ai pas été mauvais, j'ai parlé comme je parle d'habitude, comme si tu avais été là. Donc je pense que ça va. Ça va aller. J'ai prié le ciel, toi aussi qui as brûlé le cierge dans l'église. Je garde courage et cette période triste depuis presque deux mois que je suis ici, elle pourrait s'achever. Avec de la chance, on saura la bonne nouvelle. Merci pour le mandat. Bientôt tu n'auras plus à en envoyer, je travaillerai à te rembourser. Passe le bonjour aux proches et à tes collègues. Cricri, je t'embrasse.

T'inquiète !

Kamel

Un reportage en province m'empêche de me rendre à Fleury avant son éventuelle libération. Le mardi où se décide son sort, prétextant une grippe, j'annule un déjeuner avec une étudiante qui planche sur l'autofiction, tarte à la crème de la décennie. Au téléphone, je tousse à fendre l'âme. « Ne quittez pas votre appartement », me conseille l'ingénue. Je lui obéis car l'heure du retour de l'enfant prodigue est imprévisible. Dès qu'on recevra à la prison la lettre du juge – si le contenu exauce nos vœux –, on enregistrera sa levée d'écrou. Il faudra compter avec les formalités, les lenteurs de l'administration : « Vous avez une chance qu'il rapplique en début de soirée, m'a prévenu Fabrice. Ne soyez pas optimiste à l'excès. » J'ai compris qu'il n'y croyait pas. Moi, ce n'est pas que j'y croie, je veux y croire. J'ai acheté des fleurs, son parfum favori, mis le champagne au frais. Pendant toute la journée, j'écris pour ma pièce de théâtre une scène drôlette, inspirée par un épisode que nous avons vécu cet été sur une plage de Lanzarote où j'avais dragué au bénéfice de Kamel une Américaine de trente ans qui s'ennuyait et qu'il n'osait pas aborder. Occasion dont il ne profita pas : « Je suis nul en anglais, elle se foutrait de moi. » J'insistai : « Emmène-la dans une boîte puis à l'hôtel. – D'accord, à condition que tu m'accompagnes. On n'a jamais eu de partenaire avec nous : moi, toi et elle, on s'éclaterait. » Une perspective qui ne m'a pas conquis : la blonde était trop dodue à mon goût – et j'étais sans doute trop âgé au sien –, j'aurais foncé vers le fiasco sous l'œil moqueur de Kamel.

Lorsqu'il frappera à la porte, je me lèverai d'un bond mais, avant de lui ouvrir, je ralentirai le pas : si l'on désire savourer son émotion, il est nécessaire de la maîtriser un peu. On frappe à la porte. Je bondis sans maîtriser mon pas ni mon émotion. Un facteur me remet un paquet recommandé, le bouquin d'un confrère que je ne lirai pas : il n'avait qu'à choisir un meilleur moment pour faire son entrée. Incapable de me replonger dans ma scène, je le feuillette pourtant par réflexe professionnel. Conclusion de ce survol : il s'agit d'une histoire d'amour rédigée à la première personne, exemple de l'autofiction prisée par mon étudiante et du même acabit que la mienne. Pas de pitié cette fois, aux chiottes !

La nuit gagne. Assis sur le canapé du salon, j'observe, derrière la fenêtre, en contrebas, le jardin d'un romantisme suranné avec son désordre d'arbustes dominé par un superbe marronnier. Quand la minuterie se déclenche pour un éclairage chiche, c'est que quelqu'un vient de pénétrer dans le couloir de l'immeuble sur rue et s'apprête à se diriger vers celui où j'habite. Le voici en train de descendre les cinq ou six marches d'escalier aboutissant à l'étroite allée goudronnée qui traverse le jardin. Il approche, il arrive. Kamel ? Non, l'antiquaire du rez-de-chaussée. Kamel ? Non, ma jeune voisine de palier. Kamel ? Non, l'actrice du quatrième. Kamel ? Non, le retraité du dernier étage. Ils passent un par un à intervalles irréguliers. Ils n'ont pas de visage puisqu'ils n'ont pas le visage de Kamel, pas de corps, pas d'existence. Fendent l'ombre, main dans la main, un homme et une femme – les ai-je déjà vus ? – impossibles à identifier : un fantôme de couple en route pour un simulacre de pantomime érotique copié sur un film X. Je ne possède pas plus de réalité qu'eux tous. Si je me tailladais les poignets au rasoir, le sang ne s'écoulerait pas de mes veines. Je suis un sac de chair sans rien qui bouge à l'intérieur. Peinard comme un mollusque.

À dix heures, sonnerie du téléphone. Le mollusque a encore la ressource de jaillir de son canapé avec une soif de miracle : libéré tardivement, Kamel compose mon numéro dans une cabine à Sainte-Geneviève-des-Bois, il manque d'argent pour un taxi, vite ! il faut que je file le chercher. Il n'y a pas de miracle : « Bonsoir, Fabrice à l'appareil. Kamel n'est pas chez vous ? Ça ne m'étonne qu'à moitié, je ne vous le cache pas. Bon, nous avons perdu une bataille, nous n'avons pas perdu la guerre. Le combat continue, nous allons interjeter appel. »

Au parloir, le matin suivant, j'explique à Kamel la stratégie de l'avocat :

– Il t'enverra un papier que tu signeras afin d'interjeter appel.

– Quoi ?

– Dans trois semaines, tu te présenteras devant la chambre d'accusation à qui Fabrice demandera de nouveau ta liberté.

Il ne semble pas attacher une grande importance à la chose.

– Christian…

Lorsqu'il n'utilise pas le diminutif, je ne suis pas rassuré.

– Christian, à part toi, j'ai plus de copains. Ils m'ont lâché à la confrontation. Le jour où tu rencontres Laura, tu la questionnes : essaie de deviner pourquoi elle a regardé que le juge et pas moi.

– Tu l'aurais troublée.

– Plaisante pas. Remarque, je devais être assez mignon avec le pull gris. Je l'ai porté jusqu'à hier, c'était un fétiche. Putain ! quand on m'a dit que je restais au trou, je me le suis arraché de la peau.

– Il sort d'où, ce sweater blanc ?

– L'ai acheté à un type d'ici.

– Ton compagnon de cellule ?

– Non, un terroriste.

– Un vrai ?

– Fais pas la gueule, il a jamais tué personne.

– Je fais pas la gueule, je suis fatigué. Je me suis tourné et retourné dans mon lit à cause de ce salaud de juge.

– Moi j'ai bien roupillé parce que je savais que tu viendrais me consoler.

J'en avais le projet mais je demeure mécontent de mes propos : toujours cette impression désagréable que je prononce un texte conventionnel qui masque le vif de mes sentiments. À ma décharge, la surprise que m'a réservée Kamel : son crâne entièrement rasé, nu. Devant une telle image de désarroi, j'ai eu envie de crier. Je me suis retenu au point de ne pas risquer durant l'entretien une allusion à ce sujet. C'est lui qui l'aborde *in extremis* :

– Hier, j'ai pas seulement bazardé le pull, j'ai voulu qu'on me passe la tondeuse : la boule à zéro pour repartir à zéro.

Princesse Dodue

– Laura, pourquoi ne l'avez-vous pas regardé à la confrontation ?

– Je n'ai pas voulu que le juge... un type assez marrant d'ailleurs : il s'est moqué de Kamel en l'appelant Zorro...

– Zorro ?

– Le vengeur qui manie le fouet au lieu du couteau... vous ne suivez pas les vieilles séries de la télé ?

– Vous ne m'avez pas répondu. Pourquoi avez-vous fui son regard ?

– Je n'ai pas voulu le gêner et je n'ai pas voulu que, pour le juge, on fasse trop Roméo et Juliette.

Un Roméo filiforme et une Juliette dodue, on a vu des couples plus mal assortis. Elle ne me déplaît pas, l'élue du cœur (du cœur ?) de Kamel. Physiquement, elle se situe hors compétition si l'on se réfère à la mode actuelle de la taille mannequin, des hanches étroites, des petits seins et pas un gramme de graisse. La cadence rapide avec laquelle elle engloutit les bouchées de sa pizza quatre fromages prouve que la diététique ne figure pas au premier rang de ses préoccupations. Chez les jeunes, un solide appétit m'attendrit plutôt alors qu'à partir d'un certain âge, mettons la quarantaine, le spectacle de la goinfrerie me révulse. Un minimum de dignité commande à l'adulte bon vivant (le rapprochement de ces trois mots définit déjà le désastre) de se modérer en public. De même la fringale sexuelle : mieux vaut en cacher les manifestations, seraient-elles anodines comme les baisers dans le cou, quand notre bouche commence à grimacer plus qu'à sourire. Question d'esthétique, pas de morale. La chance, que j'ai toujours eue jusqu'ici, de serrer contre moi un corps jeune, depuis un certain temps se double de la mélancolie de ne pas proposer à son étreinte un corps aussi frais, aussi charmant. À l'âge de Kamel, je n'ai jamais désiré un homme ou une femme qui auraient eu l'âge que j'ai aujourd'hui. Je ne comprends pas ce qu'il me trouve ! J'évite de penser à ça mais s'il m'arrive de nous apercevoir, enlacés sous la douche, dans la glace de la salle de bains, j'ai l'impression que le diable se rit de moi. Kamel emmènerait un soir, fantasme oblige, une Laura consentante à une fête intime entre nos draps, je ne m'y prêterais pas davantage qu'avec l'Américaine de Lanzarote, craignant que sa blonde préférée ne s'exclame une fois que je les aurais laissés : « Sympa ton mec pour un papy ! » La phrase qui tue.

Dans ce restaurant italien de mon quartier où l'on m'a rarement surpris en compagnie d'une fille, le serveur m'adresse des clins d'œil complices. Il doit croire que j'ai la chance de posséder en Laura une petite amie dont la beauté épanouie, à l'image de l'ample poitrine qui déborde de la chemise couleur lilas, garantit des voluptés faciles. Celles sans doute que recherche et obtient Kamel. J'ai observé, malgré la mode dont je parlais à l'instant, que des garçons comme lui ont besoin d'affirmer leur virilité – devineraient-ils qu'elle est chancelante ? – sur des Vénus callipyges et pas sur des adeptes du yaourt allégé. Pourtant il s'est vanté d'avoir sauté la squelettique Marie-Jo. Le fait qu'elle se soit montrée aussi agressive à la confrontation n'indique-t-il pas un ratage et qu'elle l'ait attaqué par dépit ? Côté grosses fesses, Laura n'a pas à s'inquiéter de la concurrence, sauf chez les modèles de Rubens ou de Renoir. Loin de les dissimuler sous le flou d'une robe, elle les comprime dans un pantalon droit afin que personne n'en perde rien. Kamel les a gagnées, il a raison d'en être fier.

– Comment avez-vous connu Kamel ?

C'est elle qui, en m'interrogeant, me plonge dans l'embarras.

– Il ne vous l'a pas raconté ?

– Il m'a dit que vous l'aviez un peu dragué à la terrasse d'un café.

– Tiens...

– Comme ça ne l'intéressait pas, vous n'avez pas insisté. Pour vous, ce n'était pas l'important.

– Non ?

– Après la mort brutale de votre fils Claude à vingt ans, il vous en fallait un de remplacement.

– Un de quoi ?

– De fils. Kamel est tombé pile au bon moment. En quelque sorte vous l'avez adopté, un faux père plus vrai que le vrai, brave routier pas très malin. De vous, il me casse les oreilles, vous n'imaginez pas : Christian par-ci, Christian par-là... quand Christian a donné son avis sur un film, s'agit pas de discuter : tais-toi, ma chérie, Christian est beaucoup plus intelligent que nous deux réunis.

– Il m'a rendu détestable à vos yeux ?

Des yeux bleus, par parenthèse, comme il sied à une blonde, avec une lueur presque froide, comme il sied à des yeux bleus.

– Il m'a rendue curieuse. Je me demandais à quel genre de phénomène vous ressembliez.

– Le verdict ?

– Oh ! moins pédant que prévu, pas intimidant... malin, ça c'est clair, vous continuez à mener votre enquête même si vous rigolez : je me méfie. Sympa de toute façon.

On y est : le papy sympa ! Je la remercie de ce compliment écœurant de banalité, tandis que je me tais sur le début de l'analyse, discrètement critique, où elle a déployé autant d'astuce que d'assurance.

– Et moi, vous me trouvez ? Par rapport au portrait que Kamel vous a fait ?

Je n'ose pas lui avouer que Kamel m'a parlé rarement d'elle sinon pour louer ses seins et son cul en ajoutant qu'elle était gentille, compliment pas plus fameux que sympa.

– Kamel me parle souvent de vous comme d'une amie formidable avec laquelle il s'entend à merveille. Mais il a omis un aspect essentiel : combien vous étiez mûre pour vos vingt-trois ans.

– Normal : presque trois ans d'avance sur lui.

– Mentalement, on croirait qu'il y en a dix qui vous séparent. Vis-à-vis de vous c'est un enfant.

– Un enfant ? Un bébé. Les lettres que je lui envoie, je les commence par « mon bébé ».

– Son amour-propre n'en souffre pas ?

Je n'oublie pas la cause de l'accident : Kamel a giflé Laura parce qu'elle l'avait humilié en l'appelant bébé devant David qui l'a boxé pour lui apprendre la politesse et a récolté deux coups de couteau.

– Avec moi, il n'a plus d'amour-propre : quand je le trompe, ça lui est égal d'être cocu. Pourquoi vous vous marrez ?

– « Cocu », je pensais que c'était un mot exclu du vocabulaire.

J'ai ri par nervosité. « Cocu » a beau sonner grotesque comme l'état qu'il indique, je suis persuadé que Kamel ne s'amuse pas une seconde si on l'étiquette ainsi. Laura perdrait-elle la lucidité dont je l'ai parée ?

– Lui et moi, on n'est pas mari et femme, on s'est expliqués là-dessus : chacun pour soi. On accepte les aventures qui se présentent, ce serait bête de se priver tant qu'on a la pêche.

– Vous êtes cocue ?

– Évidemment, plusieurs fois.

– Un jour, il risque d'être ébloui par une autre que vous et de vous laisser en rade.

– Il y a davantage de chances que ce soit moi qui le largue.

– Vous n'y tenez plus beaucoup ?

– Au contraire.

Le serveur vient enlever nos assiettes, la sienne nettoyée de sa pizza, la mienne à moitié pleine (« Oui, j'ai terminé, je n'ai plus faim. »). Heureuse diversion, minute de repos qui permet au boxeur groggy – ma pomme en la circonstance – de souffler et de constater que, dans ce combat qui n'en est pas un, il n'a pas la situation en main. Garder la tête froide, se préparer pour le round suivant.

– Un dessert, Laura ?

– Volontiers : un gâteau au chocolat.

– Avec de la crème anglaise ?

– Avec de la crème anglaise. Et vous, vous ne prenez rien ? Selon Kamel, vous êtes très pâtisserie et gourmand comme une chatte.

– Un gâteau au chocolat sans crème anglaise. Une bouteille d'Orvieto ? Nous avons vidé la première.

– Une demie, ce serait plus prudent, je n'ai pas trop l'habitude.

Menteuse ! Elle boit comme elle mange : goulûment. Encore une fois, je ne lui jetterai pas la pierre à condition qu'elle ne joue pas les dégoûtées, à condition surtout que son tempérament ne la pousse à déchirer à belles dents mon pauvre Kamel.

– Vous disiez que vous teniez à Kamel...

– Plus que jamais et plus pour longtemps.

– Je nage.

– Au départ, lorsque Ali a bricolé notre rencontre, j'ai pas craché dessus. Il était mignon Kamel, il correspondait au look qui m'attire : le look racaille. Les garçons de mon milieu m'ennuient. Je m'en tape de leur réussite aux examens... oh ! et leurs surboums ringardes où on blablate pendant des heures avant de concrétiser. Kamel, lui, comme tous ses copains, il attaquait direct : moi j'adore ça ! Sur Ali, il avait une supériorité : il ne posait pas en champion de salle de gym.

– Il aurait eu du mal.

– Faux ! Il semble fluet... il est musclé, vous savez. Quand il vous file une beigne, on la sent passer. Demandez à Félicia, une de ses fans.

– Celle qui ne me répond pas au téléphone ?

– Je suis pas jalouse, pourtant elle m'exaspère, aussi active qu'une vache dans un pré ! Si Kamel affirme : il neige en plein été, elle répète : oui, mon chéri, il neige en plein été, quels jolis flocons... Elle mérite ses beignes. Moi j'en ai reçu qu'une de beigne.

– La nuit du drame...

– Une idée de génie.

– Vous trouvez ?

– Après quelques semaines, je commençais à en avoir assez de Kamel. Il écoutait du rap, il se défonçait, mais son univers c'était la romance. Un dur mou avec des plans cucul : « Ça te brancherait pas d'avoir un gosse de moi ? » Le matin où il m'a sorti cette énormité, je me suis juré de flinguer notre relation au plus vite. Et puis il y a eu la soirée historique. Je me suis affichée avec David, un vrai mec, baraqué, pas du vent. Kamel, il a compris que je lui échappais. Alors il a eu le réflexe de survie : pour sauver la face devant moi, il s'est battu... un chien enragé... contre plus fort que lui. Il aurait pu aller jusqu'au meurtre, ç'a été moins une.

J'avale une gorgée d'Orvieto, elle une cuillerée de crème anglaise, prélude à la disparition quasi instantanée de son gâteau au chocolat tandis que le mien est à peine entamé.

– Il ne vous plaît pas ?

– Un peu lourd.

L'ogresse ambitionne-t-elle de finir ma part ?

– Vous le voulez ?

Elle éclate de rire : un rire bien franc, des dents bien blanches, un bout de langue bien rose.

– Kamel ne termine jamais ses plats. Vous l'imitez ou c'est lui votre petit singe.

Je lui tends mon assiette qu'elle refuse :

– Excusez-moi, je m'arrête à mon tour. Vous m'avez gavée comme une oie.

Second éclat de rire que j'accompagne d'un gloussement indécis. Laura ne récupère son sérieux qu'au moment du café :

– D'abord j'ai eu peur…

– Vous, peur ? je n'y crois pas…

– Si : quand j'ai vu David tomber à genoux. Quand j'ai entendu crier… moi j'ai crié comme une folle ! On pleurait, on tremblait, on courait, on se tamponnait… exactement des autos tampons à la foire. Soudain on s'est organisés : il fallait agir, emmener le blessé dehors, alerter les pompiers, les flics. Ça n'a pas traîné. Ensuite débandade complète, tout le monde s'est éclipsé. Restée seule dans l'appart, j'ai frotté les taches de sang sur la moquette. Mission impossible, le sang ne s'efface pas. Malade d'excitation, de colère, je me suis couchée. Pas fermé l'œil. Des heures plus tard, Kamel est revenu, j'ai pu m'endormir. On a été arrachés du sommeil par Mustapha et par Tom, le frère cadet de David. Kamel a morflé, ils lui ont cassé la figure. Là, j'ai explosé : les voyous, ras le bol ! Si vous avez des affaires à régler, retournez dans votre cité. Une réaction de simple nervosité, je n'avais plus peur. Au fond, j'étais fière que ces événements se soient déroulés chez moi. Chez moi, l'étudiante de famille bourgeoise qui foutait rien en fac. Je choisissais les tarés, les fous, Kamel le plus craquant d'entre eux avec sa violence comme cadeau. Mon père se doutait que nous n'avions pas rompu : il m'a punie en me supprimant l'appart et l'argent de poche. Il m'oblige à partager le studio d'une cousine patineuse artistique : le prix à payer de ce qu'il nomme le scandale.

– Votre père vous pardonnera bientôt.

– Je sais. Et puis, dans deux ou trois ans, il s'arrangera pour que j'épouse un de ces types que j'ai en horreur, diplômés de l'ENA ou d'HEC. J'oublierai... vous qui êtes écrivain, c'est comment le titre de ce roman d'un auteur américain... le vacarme... le bruit... ?

– *Le Bruit et la Fureur ?*

– Voilà ! J'oublierai le bruit et la fureur de quand j'étais jeune.

– Et Kamel ?

– C'est le dernier que je garde, je vous l'ai déjà dit. Un trésor. Nos relations sont au beau fixe, dans ma tête en tout cas. À la prison, j'en profite… je suis extraordinairement émue qu'il souffre un peu par ma faute ! La joie à l'état pur. On n'a jamais été si cool ensemble, on se touche, on se parle. Je lui répète qu'il demeurera mon bébé pour toujours. Bien sûr il ne se fait pas la moindre illusion. Dès qu'il sera libéré, il n'aura plus envie de se rappeler sa galère actuelle. Et moi qui ne suis pas maso, j'aurai pris le large avant. Vous serez soulagé.

– Vous ne me gênez en aucune façon. Pourquoi devrais-je me sentir soulagé ?

– Si je m'évanouis dans la nature, vous pourrez accomplir en toute tranquillité votre œuvre éducative.

Elle rit de nouveau mais d'un rire sans éclat, presque muet, juste souligné d'un son de gorge, une note voilée, analogue à une plainte que l'on refoule.

– Bonne chance, ajoute-t-elle.

– Bonne chance à vous.

– On s'embrasse ?

On s'est embrassés : une double série de quatre baisers sur les joues à la satisfaction du serveur hilare. On a quitté le restaurant. Je la reconduis jusqu'au métro Volontaires, un adjectif qui convient à Laura et me convient aussi puisqu'il est au pluriel. On s'embrasse encore à l'entrée de la station. Je m'éloigne de quelques pas. Elle agite le bras comme si on allait ne plus se revoir, éventualité voisine de la certitude. À son poignet brille la montre Cartier que m'avait signalée l'avocat. Chère Princesse Dodue, vous portez aussi vos menottes.

Sexe et voie anale

Novembre, mois difficile à aborder seul. Le jour tarde à venir, la nuit tombe vite, la grisaille s'installe, on ferme les fenêtres et on allume le chauffage. Je cherche toujours à me réchauffer. Le meilleur remède contre le froid qui me gagne et finira par me détruire (oh! la banalité de ce début de chapitre, la banalité de toute vie, de toute mort...) consiste à emprunter un peu de chaleur au corps d'un autre. À cette peau étrangère, durant l'instant où elle épouse ma peau, je confisque son électricité bienfaisante. Il y a du vampirisme dans la manœuvre comme dans n'importe quelle manifestation du désir. Amour bien ordonné commence par soi-même. Je prends avant d'offrir. Une fois rassasié, plein d'une nouvelle énergie, je me découvre généreux, à l'écoute de ce que le propriétaire du corps me raconte. Deux solutions : ou il m'ennuie – et alors au revoir, à bientôt, c'est-à-dire à jamais – ou il m'intéresse par un détail, un mot imprévu qui révèle une nature secrète que j'ai soudain envie de connaître. Ainsi débutent mes aventures, les petites, les moyennes, les grandes amours, dont je ne sais où elles mèneront mais qui devront s'accomplir chacune selon son mode. En l'absence momentanée de Kamel, je poursuis une liaison avec un jeune Nicolas passionné de football et d'automobiles, ce qui nous sépare, mais avide de babas au rhum et d'exercices physiques, ce qui nous rapproche. Quand il me retrouve l'après-midi, nous partageons un bon goûter avant de nous mettre à l'aise. Charmant garçon, bisexuel sans complexe – « Mes cinq potes et mes quatre meufs » –, il n'obéit qu'à la liberté de son âge (dix-huit ans) comme on le faisait au temps de ma propre jeunesse et comme on craint de le faire aujourd'hui à cause du sida et des discours moralisateurs made in USA.

– Tu vois quelqu'un depuis que je suis ici ? demande Kamel ce matin dans une cabine du parloir, peu après notre étreinte rendue malhabile par le bloc maçonné entre nous.

– Mes amis habituels.

– Quelqu'un de plus rigolo...

– Ils ne sont pas rigolos, mes amis ?

– Rigolo dans un autre genre...

Est-ce que je vais lui mentir ? La prudence conseillerait de le ménager : avec son crâne rasé – moins nu que la fois précédente quand même, un duvet noir en couvrant la surface –, ses yeux liquides dont les cernes accusent l'espèce de douceur résignée, sa voix atone, il ne présente pas une image de solidité ni d'équilibre. Il ressemble à ce qu'il est : un écolier envoyé au piquet.

– Normal que tu t'amuses dehors, t'as pas à te priver pour moi.

S'il le dit...

– Je vois... pas souvent... tu sais, tu l'as aperçu un soir où tu sortais de ton côté, vous vous êtes croisés dans l'escalier...

– Nicolas ?

– Tu te souviens de son prénom ?

– Je croyais pas que ce serait celui-là...

– Si tu as quelque chose contre lui, je le laisse tomber.

– Il s'habille pas classe.

– Je n'y ai pas prêté attention. J'apprécie son tempérament facile.

– D'accord, il est pas à problèmes, lui. Il est tiré à un million d'exemplaires. Dans les dîners où tu l'emmènes, il ne doit pas briller.

– Je ne l'emmène pas dans des dîners.

– Rue Dutot, il couche dans notre salon ?

– Il ne couche nulle part, il passe une heure et il s'en va. Une poire pour la soif... ou quelle est l'expression que tu emploies ? Un sandwich pour la route...

– Une roue de secours.

Il sourit. Sa canine en relief me paraît si gentiment cruelle que, fondu de tendresse, gâteux, j'attrape sa main et la porte à mes lèvres.

– Cricri, le gardien...

– Je le sodomise !

– Il est velu !

On s'esclaffe comme des gamins qui auraient placé des boules puantes sous la chaise de leur prof. Une explosion qui s'interrompt aussi brusquement qu'elle est née. Sur le visage de Kamel ne subsiste plus que ce demi-sourire au caractère incertain – la canine cette fois restant cachée – dont il s'est fait en ce lieu une spécialité.

– À propos de sexe...

La question me tourmente, je n'ai pas osé la formuler avec clarté jusqu'ici. Plusieurs articles de journaux – le dernier que j'ai lu date d'hier – énumèrent des cas de viol en prison. Quoique Kamel, très expérimenté, ne soit pas une proie idéale, j'espère qu'il n'a pas eu à se défendre de tentatives répugnantes.

– À propos de sexe, tu n'es pas embêté ?

– J'y pense pas beaucoup.

– Mignon comme tu es, personne n'a essayé de te caresser sous la douche ?

– Ça va pas, non ? Si un mec m'effleure juste, il se ramasse un coup de boule. Mais, t'inquiète, aucun risque : ils ont tous tellement les jetons d'être traités de pédés... Les pédés, c'est la honte, t'as pas intérêt à avouer ce truc, les autres ils te scalperaient. Dans le bâtiment voisin, on m'a raconté qu'ils ont tabassé à mort un travelo.

– À mort ?

– Enfin, on a recollé ses morceaux à l'infirmerie.

– Je comprends qu'en public on évite les contacts mais à l'intérieur des cellules...

– Dans les cellules ? Possible.

– Toi et ton copain qui a craché à la gueule d'un juge ?

– Un : c'est une relation, pas un copain, on se respecte.

Deux : tu es complètement obsédé, mon pauvre Christian. Je me branle de temps en temps à l'abri de la couverture sans qu'il s'en aperçoive, point final.

Comme on écrivait jadis dans les romans, je souhaiterais que le sol se dérobe sous mes pieds. Vite, changeons de sujet :

– Ah ! ton ami Georges m'a téléphoné... là, il s'agit bien d'un ami, je suppose ?

– Un ex-ami.

– Il t'enverra un mandat.

– Qu'est-ce qu'il a dit de moi ?

– Que tu étais une vedette et que vous avez eu de bons délires ensemble.

Version abrégée du monologue de ce Georges, brave quadragénaire qui fuit les emmerdements, en connaissance de cause sans doute : « Dommage pour Kamel ! un si agréable loulou, pas méchant, marrant, affectueux, on se régale en sa compagnie... Et puis un jour – la drogue ajoutée à la bande de débiles autour de lui –, il a perdu la tête. Bien sûr je lui enverrai un mandat... la moindre des choses... et une carte postale avec un héros de bédé dessus. Quand on se fréquentait, je l'avais initié au carrelage – je possède une entreprise qui fonctionne du tonnerre, touchons du bois ! –, il ne se débrouillait pas mal mais, au bout d'une semaine, il en a eu assez. Je suis content que quelqu'un comme vous – un artiste – prenne le relais. Moi je travaille trop, je n'ai plus besoin de complications qui perturbent mes loisirs. Je viens de me payer un mois de vacances à Cuba où les beautés qui nous intéressent se montrent particulièrement accessibles. Me voilà purgé pour l'année, je ne réclame pas de supplément. Embrassez Kamel de ma part et courage ! »

– Il m'a aussi dit de t'embrasser de sa part.

– Plus tard on ira manger chez lui : en tant que cuisinier, il craint pas la concurrence. Et Félicia ?

Félicia, obtenue après une série de vains appels, n'y est pas allée par quatre chemins : « Kamel m'a ridiculisée avec cette vache laitière de Laura. Qu'il se la garde ! On voit où ça l'a mené une telle fréquentation. Il m'aurait été fidèle, il ne serait pas à Fleury-Mérogis. De la pitié pour lui ? Pas un gramme. Il me dégoûte, je ne veux plus en entendre parler, plus jamais. C'est clair ? » Très clair mais que rapporter à Kamel ? Que chacune de ses deux amies se représente l'autre en ruminante ? Je ne suis pas certain qu'il jugera la chose cocasse, surtout si je l'informe que l'une le jette par-dessus bord.

– Ta Félicia ne répond pas à mes messages. Peut-être a-t-elle quitté Paris...

– Te fatigue pas. Si elle répond pas, c'est qu'elle a décidé de me larguer. Je m'en balance.

Ouf ! Il n'a pas l'air de se forcer pour reléguer la méchante Félicia aux oubliettes. Reviendrait-elle sur sa résolution, je lui répliquerais : « Non, mademoiselle, je regrette, il ne veut plus entendre parler de vous, plus jamais. » Détendu, gagné par un lyrisme de pacotille, je me mets à prononcer l'éloge de Laura : l'excellent effet qu'elle m'a produit à la pizzeria, sa vivacité d'esprit, sa plénitude physique, etc., etc. Le demi-sourire de Kamel grimpe jusqu'aux trois quarts de sourire. Encore un effort dans le dithyrambe et la canine pointera... À l'instant où je succombe à l'emphase, il me coupe le sifflet :

– Elle t'a demandé de l'argent ?

– Pas un sou.

– Elle aura tapé Julie sans préciser que c'était pour moi parce que Julie est amoureuse d'elle, donc me déteste. J'ai pas de souci : j'aurai mon cadeau après-demain.

Le jour de la visite de Laura...

– Quel cadeau ?

– Une jolie substance illicite.

Devant, je le présume, ma mine ahurie, il m'explique les étapes d'une opération que Laura a déjà rodée. D'abord elle court acheter le shit à Stalingrad (« le meilleur et le moins cher ») puis, rentrée chez elle, enveloppe le morceau bien serré dans de la cellophane. Le matin où elle se rend à la prison, de manière à franchir sans encombre les portiques de contrôle, elle coince le précieux sachet sous sa langue. Dans le couloir d'attente, elle s'isole sur un banc en évitant les bavardages inutiles qui risqueraient de la trahir, quoique la plupart des filles soient chargées de la même mission. Dès qu'elle rejoint Kamel dans la cabine, ils échangent un long baiser sur les lèvres. C'est durant ce baiser que le sachet glisse de sa bouche à celle de son amant. Lui, s'étant assuré d'un coup d'œil que le gardien ne s'approche pas de la vitre, le récupère au creux de sa main.

– Ensuite ?

– Ensuite je me débraguette, je baisse mon caleçon, j'absorbe le trésor comme un suppositoire ou un thermomètre : par la voie anale.

En une circonstance différente, je me serais moqué de ce vocabulaire stupidement pudibond, opposé à la spontanéité de Kamel. J'ai toujours estimé que le charabia – un jargon qui aurait réjoui Molière – commençait avec la rédaction des notices pharmaceutiques où on lit, au lieu du simple avaler, « administrer par voie orale ». Quant à la voie anale...

– Tu te l'introduis dans le cul ?

– Dans le cul, si tu préfères. Tous utilisent la même méthode.

– Tous ?

– Presque. C'est l'unique façon d'échapper à la fouille. Nous les prisonniers, lorsqu'on quitte le parloir, on passe trois par trois dans une pièce vide, nus devant des matons qui vérifient que les visiteurs ne nous ont rien donné. D'habitude, ils nous inspectent pas de près. Ils répugnent à fourrer le doigt où tu penses. Parfois, à un type dont la tronche les énerve, ils gueulent : « Écarte les fesses ! » Si son cul lui sert de cachette, le type n'a pas touché le gros lot : ils l'expédient direct au mitard et les remises de peine, il pourra se les accrocher.

– Tu m'effraies, Kamel. Si c'était toi le type qui n'avait pas de bol ?

– Tais-toi ! Tu vas me porter la poisse.

– Je t'en prie, fais gaffe.

– Mais oui, Cricri, tu crois que je suis fou ? Mercredi

dernier, j'ai eu… on appelle ça comment quand on devine un truc ?

– Une intuition.

– J'ai eu l'intuition que le plan allait mal tourner. Le produit, je l'ai refusé : Laura l'a conservé sous la langue, elle est repartie avec.

– Ils t'ont… tu as dû écarter les fesses ?

– Non : fausse alerte, l'intuition m'a trompé. Tu vois, j'ai été trop prudent. Les matons sont pas idiots, ce trafic ils le connaissent par cœur. Ils font semblant de nous menacer mais j'ai l'impression que ça les arrange plutôt qu'on se défonce. Quelqu'un qui les a pas cherchés, ils lui foutent la paix. La nuit dans la cellule, sur le lit du haut, j'allume mon joint. Sur le lit du bas, mon codétenu – celui avec qui j'ai pas de rapports – roucoule comme une fille en manque : « Kamel, une petite taffe, s'il te plaît ! » Il te serait sympathique, il sait pas mieux s'éclater que toi : il rejette la fumée avant de l'avoir aspirée à fond. Je l'engueule : « Hé ! idiot, tu gâches la marchandise ! » Je rapatrie mon pétard. Et moi je sais m'éclater, je sais aspirer à fond. Le pied ! Je pense à ma mère, à Laura. Je pense à nous deux, Cricri. Je sens les larmes qui me sortent des yeux… Y a qu'à toi que je dis que je pleure dans le noir… Un peu, pas un torrent. Je suis pas vraiment triste d'ailleurs. Gai non plus. Calme.

Ordre du jour

Qu'est-ce que je sais d'une journée passée en prison ? Ce que Kamel, par une brève remarque, une allusion, veut bien en laisser filtrer dans ses lettres ou lorsque nous bavardons au parloir. Ces détails, je les recueille comme autant d'éléments essentiels pour m'informer d'un mode de vie et de son influence sur le moral de mon ami.

– Je m'ennuie dans ce trou à rats, dit-il.

Nous sommes en décembre. Je viens de lui annoncer que la chambre d'accusation a rejeté sa demande de mise en liberté. « Si vous aviez vu le président, m'a confié Fabrice au téléphone, vous auriez compris que ma plaidoirie n'avait guère de chance d'aboutir : un vieux qui bâillait, sans doute victime d'une digestion difficile. De toute manière, avec la chambre d'accusation, il n'y a jamais grand espoir : nous les avocats, nous l'appelons la chambre de confirmation. Kamel, face à l'adversité, s'est comporté dignement et son dossier est bon, je vous le répète. Au début de l'année, j'irai revoir le juge d'instruction et je déposerai une nouvelle demande. D'ici là, outre le certificat d'hébergement, tâchez de lui trouver une vraie promesse d'embauche. »

– Ton certificat d'hébergement, je l'ai signé depuis longtemps et ta promesse d'embauche, je te jure que je la trouverai.

– Pour Noël, je moisirai dans ce trou à rats.

– Tu rabâches. C'est tellement sale ici ?

– Dégueulasse. Les douches, les chiottes, tout est nase, tout est pourri, tout pue. Et moi je m'ennuie...

– Dans ce trou à rats ?

– Dans ce trou à rats.

Commence alors son récit fragmenté d'un quotidien que je m'efforce de reconstituer en me souvenant de ces détails qu'il m'a déjà fournis et que j'évoquais à l'instant. Voici le résultat :

Sept heures du matin. Un surveillant ouvre la porte de la cellule. Il crie : « Bougez ! Bougez ! » Quand il est en veine d'esprit, il ajoute : « Montrez que vous n'êtes pas morts ! » Il verse du café à qui en a envie. Premier réflexe de Kamel ou de son codétenu : allumer la télé. De leur lit, mal réveillés, ils suivent des émissions débiles, des séries du genre *Amour, Gloire et Beauté* auxquelles ils n'accordent pas une attention soutenue, sauf si une actrice blonde à grosse poitrine s'y manifeste, dans un épisode sur trois, paraît-il. Kamel me nomme la pulpeuse, étonné que je ne la connaisse pas. J'avais noté le même étonnement chez un jeune stoppeur pêché sur une route du Midi. Lui ayant avoué que j'étais écrivain, il me déclara que sa sœur lisait beaucoup, se mit à me citer une dizaine d'auteurs américains – des femmes – dont elle lui rebattait les oreilles et dont je n'avais jamais entendu parler. Devant mon inculture, il dut s'imaginer que je m'étais attribué une profession originale à seule fin de le draguer : il se réfugia dans un mutisme où je décelai une pointe de mépris. Puisque j'en suis à la littérature, une parenthèse sur la mienne : Kamel s'étant une fois rendu à la bibliothèque de Fleury a eu le plaisir – car il est fier, lui, que j'exerce ce métier qui en est si peu un – d'y dénicher mon roman *Double Express*, ouvrage que j'aime bien à cause peut-être de son insuccès radical. D'où sa présence en ces lieux : plutôt que de le pilonner, l'éditeur s'en sera débarrassé dans les geôles, les hôpitaux, les maisons de retraite de France et de Navarre. Destin très acceptable et logique : un livre au rebut parmi des gens au rebut. Revers de la médaille : Kamel n'a pas manqué, en parcourant la quatrième de couverture, de repérer ma date de naissance que je lui ai cachée. Lorsque, à nos débuts, il m'avait interrogé sur mon âge, je m'étais contenté de lui retourner la question : « À ton avis ? » Il m'allégea de treize ans ce que, toute honte bue, je ne contestai pas : « Bravo ! Pan dans le mille ! » Maintenant que la vérité lui a été révélée, je n'ose m'enquérir (ce verbe démodé s'accorde à ma personne vouée à la désuétude) de sa réaction. Bizarrement il ne m'adresse aucun reproche au sujet de ce mensonge. Il feint de l'ignorer. Par délicatesse ou parce qu'il s'en fout ? À ses yeux, je suis de l'autre côté de la barrière, le côté de ceux qui ne sont plus jeunes. Alors, à ce stade, treize ans de plus ou de moins, quelle importance ? Fermons la parenthèse et revenons à nos moutons, c'est-à-dire à l'ordre du jour.

Huit heures. Toilette de chat au lavabo. Kamel s'y attarde davantage que son camarade qu'il n'estime « pas très propre ». Les lundis, mercredis et vendredis, il se rase avec soin pour offrir des joues de bébé à l'admiration et aux baisers de sa mère, de Laura ou de moi, selon le programme d'alternance décidé par les intéressés. Après ces visites qu'il définit comme « les meilleurs moments de la semaine », il regagne sa cellule et zappe en quête de clips à la télé.

Les mardis, jeudis, samedis et dimanches, il va à ce qui s'appelle la promenade. Il peut choisir entre la promenade de huit heures trente qui dure jusqu'à dix heures et celle de dix heures qui dure jusqu'à onze heures trente. D'habitude il préfère la seconde. La promenade se déroule dans une cour rectangulaire sans aucun agrément. Une herbe rare, une lèpre d'herbe, pousse le long des murs. Sur la dalle de ciment qui occupe l'espace central, certains, histoire de dépenser leur excédent d'énergie, disputent un match de foot effréné, semblables à des gamins dans un terrain vague. Quand, à la suite d'une charge ou d'un croc-en-jambe, quelqu'un tombe, cette chute si brutale sur un sol si dur lui arrache un cri de douleur. Danger minime cependant. Les prisonniers restés hors de la zone du match, sur le pourtour, s'exposent à des risques plus graves. Il ne faut pas se fier à l'allure calme des promeneurs – n'oublions surtout pas qu'il s'agit d'une promenade – sans cesse sur le qui-vive et prêts à bondir à la moindre alerte. Il suffit d'un coup d'œil de travers, d'un regard qui s'attarde pour qu'aussitôt l'offensé, ou qui se croit tel, prenne l'offenseur par le col et le secoue comme un prunier : « Qu'est-ce que tu me veux toi, dis, qu'est-ce que tu me veux ? » Ils roulent par terre. Parfois d'autres les séparent, souvent ils se mêlent à l'empoignade. Kamel prétend qu'il ne participe jamais à ces combats : « Je laisse les fous avec les fous. » Il ne cherche personne et personne ne le cherche. Ainsi est-il respecté. Il marche ou demeure immobile en compagnie de garçons qui ont eu une expérience proche de la sienne : des Beurs de banlieue, dealers occasionnels, que le hasard a conduits à des bagarres sauvages où ils ont frappé et blessé pour justement être respectés. Avec eux et rien qu'avec eux, il échange un paquet de cigarettes contre un bout de shit, une paire de pompes contre un pull : l'amitié s'arrête là. « Elle s'arrête parce qu'elle existe pas. » Les prisonniers d'une origine et d'une génération différentes, il les évite, braqueurs de banque chevronnés ou authentiques bandits, liés à un milieu ou à une mafia qu'il ignore, tueurs au terme d'un règlement de comptes, qui considèrent d'ailleurs de haut Kamel et ceux de son espèce. Un petit vieux ratatiné a éprouvé le besoin de lui avouer son crime idiot : rentrant un soir chez lui, un pavillon à Créteil, il y trouve deux voleurs en train de pratiquer leur art et les revolvérise aussi sec : « Pas par méchanceté, je ne ferais pas de mal à une mouche. Par peur ! J'espère que les jurés comprendront ça. » L'angoisse de la condamnation torture aussi les copains de Kamel. La plupart récidivistes, défendus par des avocats commis d'office, ils se refilent des tuyaux sur les juges, tous des salauds, mais il y a des quarts de salauds, des demi-salauds et des salauds entiers. Est-ce une angoisse plus cruelle encore qui contraint un garçon à s'asseoir dans un coin, dos rond, tête baissée, bras croisés avec les mains agrippées aux épaules ? Kamel, par pitié, lui a tendu une Marlboro qu'il n'a pas saisie, comme s'il n'avait pas vu son geste. « Celui-là, assure un observateur blasé, ancien étudiant en psychologie, il se pendra. Un suicide courant qu'on signalera en dix lignes dans le journal, un suicide de statistique. » Des loubards, ne supportant pas cette mort annoncée, ont donné des poings et des pieds sur le visage et le ventre du zombie. Après la correction, ils l'ont obligé à se mettre debout : « Sois un mec, tiens-toi droit ! » Les surveillants n'interviennent-ils pas pendant ces cassages de gueule ? Armés de fusils, ils suivent les événements de leurs miradors, perchoirs d'où ils ne descendent sous aucun prétexte. Si la situation s'envenime, si le sang coule, ils avertissent leurs collègues de l'intérieur qui attendent pour pénétrer dans la cour que la bataille soit achevée. En cas d'incidents graves, les blessés sont évacués sur une civière. Il se murmure qu'avant l'arrivée de Kamel, un individu a été assassiné au centre de la dalle de ciment. Bien qu'il n'en possède pas la preuve, il est persuadé de la vérité de ce type de rumeur alors que, à cause de l'effroi qu'elle m'inspire, j'aurais tendance à la rejeter : « N'écoute pas ces conneries, Kamel. Les gardiens sont peut-être des lâches mais il y a des limites à la lâcheté :

qu'ils n'empêchent pas un crime de s'accomplir sous leurs yeux, c'est impossible. »

Douze heures tapantes. Gamelle dans la cellule. À peine salés, les aliments ont le même goût : pas de goût du tout. Difficile dans ces conditions de distinguer le poisson de la viande. Kamel et son codétenu négligent la nourriture fade au profit des pâtes qu'ils cuisent sur leur réchaud. Tandis qu'ils mangent, ils absorbent en supplément la bêtise des émissions de jeu du petit écran.

Treize heures. Les nouvelles du monde, catastrophes variées, ne les concernent pas.

De treize heures trente à quinze heures ou de quinze heures à seize heures trente, sont proposées les promenades de l'après-midi. Lorsque Kamel y va, il choisit la seconde comme le matin. De temps en temps, il y renonce et s'endort bercé par le ronron de la télé. Pourquoi, au lieu de cette sieste dont il émerge nauséeux, ne s'inscrit-il pas dans un atelier ou ne s'entraîne-t-il pas à la salle de musculation ? « Christian, toi qui es intelligent, des fois t'es pas très malin : comment tu réalises pas que si je me mets à essayer de mieux vivre en prison, je suis foutu ? Je ferais de la gym, j'apprendrais un métier et je me dirais : finalement c'est pas affreux, la taule. Je m'acclimate. Autant m'acclimater, pas vrai, puisque je serai pas libéré avant Noël, avant quand ? À présent que je suis acclimaté, ça urge pas qu'on me libère, je peux crever gentiment dans ce trou à rats. Ben ! non, dans ce trou à rats, je suis coincé, mais je veux pas que ce soit ma maison. »

Seize heures. Distribution du courrier. Si les visites au parloir constituent les meilleurs moments de la semaine, la lecture des lettres est le meilleur moment de la journée. « J'éteins la télé. Mon codétenu ne bronche pas. Ni pote ni famille qui lui écrivent : le pauvre, je le plains. Ta lettre, je l'ouvre avec précaution, sans la déchirer. Je la lis, la relis, la rerelis. Puis je te réponds, je m'applique à cause des fautes... que tu aies pas trop honte. Puis je me relis, puis je te relis pour savoir si j'ai répondu comme tu espères. Puis je plie ma feuille, la glisse dans l'enveloppe, puis je colle mon timbre, puis je mets l'adresse... pourvu que je me trompe pas, ton nom est si compliqué ! Puis je ferme. Ta lettre à toi, je la range dans un dossier que je garde sous le matelas, un trésor au chaud. Et voilà : on a un peu vécu ensemble tous les deux, relax, en silence. À mon signal, le codétenu rallume la télé. » Bêtise en bis des émissions de jeu, des séries meublées de beaux jeunes hommes et de belles jeunes filles, riches et bronzés, engageant des intrigues sentimentales sur des plages où culmine un immuable soleil.

Dix-huit heures. Retour de la gamelle. Même fadeur qu'au déjeuner. Kamel et son codétenu se recuisent des pâtes. Jadis montés sans le sou de notre province à Paris, Claude et moi mangions des sardines à l'huile presque à chaque repas : nous les volions – il les volait, lui l'honnêteté incarnée, car il redoutait que je me fasse attraper – chez l'épicier du coin qui en plaçait les boîtes à un angle mort de sa boutique. Dans mon panthéon culinaire, rien n'égale les sardines à l'huile augmentées d'une noix de beurre (que nous ne volions pas). Aujourd'hui, je me refuse à les déguster. Elles ne passeraient pas, les sardines : elles et le chagrin m'étrangleraient. Les pâtes partagées avec le codétenu ne laisseront pas au fond de la mémoire de Kamel des traces aussi mélancoliques. D'autant qu'ils ont le moyen de leur substituer, par exemple, du riz ou des haricots. Il faut remplir des bons de commande à l'intention du surveillant responsable de la cantine. Denrées et marchandises sont à la disposition de qui peut les payer, un prix en général plus élevé que celui pratiqué à l'extérieur. On vend de l'alimentation le lundi, des produits frais le mardi, le mercredi des magazines, le jeudi des objets de toilette et du tabac le vendredi. Je ne garantis pas l'exactitude ni l'exhaustivité de ma liste mais, avec l'argent que je lui envoie régulièrement par mandat cash, Kamel a de quoi s'offrir le nécessaire et peut-être un zeste de superflu. J'ai l'impression qu'il frime vis-à-vis de son compagnon : « À côté de lui, je suis un émir du pétrole. » Tel que je le connais – et cette réplique en apporte la preuve –, il corrige ses vantardises puériles par un humour qui frise l'autodérision. Éloigné de la pingrerie, défaut que je classerais parmi les péchés capitaux et le seul qui me détacherait d'un ami, Kamel doit éblouir par sa générosité le paumé auquel nul ne paraît penser. Je suis satisfait d'aider par son intermédiaire quelqu'un que je n'aurai pas l'occasion de rencontrer.

Dix-neuf heures. La nuit déjà. Les jeux de la télé : à croire que l'on ne songe qu'à s'amuser. Et les nouvelles du journal : à croire que le malheur s'est emparé de l'univers.

Vingt heures. Télé, plus télé, plus télé, plus télé. Marre de la télé ! Pourtant elle continue à répandre ses images en couleurs, une bouillie de débats de société, d'enquêtes policières, de reportages bidon. Elle s'impose comme, à la campagne, un feu de bûches dans une cheminée. Kamel coupe le son dès que le codétenu sort les cartes, trente-deux cartes sales et cornées qu'il manipule avec une habileté de prestidigitateur. La magie s'épuise vite : au bout d'une partie et de sa revanche. Qu'il ait perdu ou gagné, Kamel s'en moque : « Je m'ennuie. »

Vingt-deux heures. La télé sans le son : « Éteins-la, dit Kamel. J'ai sommeil. » Il se couche, crevé tel un travailleur à la fin de sa journée, alors qu'il n'a rien fait : « Je m'ennuie dans ce trou à rats. »

Fin de siècle

Je suis son frère jumeau et me prépare à me rendre au parloir, habillé exactement comme il s'habille : sweater blanc, blue-jean et tennis. Un coiffeur m'a mis la boule à zéro, un dentiste a fait saillir une de mes canines, la même que la sienne. Je me suis consciencieusement rongé les ongles. Je me regarde dans le miroir : c'est lui. Je dis : « Bonjour, c'est moi Kamel. » Il approche son visage, ses lèvres ouvrent mes lèvres. Sous ma langue, sa langue dépose le shit enveloppé de cellophane. Il dit : « Une provision pour la route, une roue de secours. » Il enjambe la table de pierre, j'enjambe la table de pierre. Cette fois, je suis de l'autre côté et lui se retrouve du côté d'où je viens, le bon côté. Avant de s'en aller, il dit : « Rue Dutot, chez nous, je terminerai la pièce que tu as commencée sur toi et moi. » Il dit encore : « J'ai laissé la télé allumée dans la cellule, il y a du shampoing au-dessus du lavabo, attention de ne pas fréquenter les criminels à la promenade, je reviendrai lundi prochain. » Le gardien toque contre la vitre : « C'est fini. » Je marche dans le couloir des prisonniers, mon couloir désormais. J'ôte, pour la fouille, sweater, jean et tennis. Je suis nu. Nu et seul.

J'ai froid. Rêverie du matin, chagrin. Rêverie du soir, désespoir. Rêverie de la mi-journée ? Entre le chagrin et le désespoir, il existe un sentiment que je ne saurais baptiser, quelque chose de morne qui me réduit à l'impuissance. Alors l'imagination travaille ou plutôt elle me travaille. Elle te prend la tête, préciserait Kamel. Elle me creuse jusqu'à l'os, elle me vide. Je suis allongé sur mon lit et je tente de m'allonger sur le lit de Kamel, là-bas, à Fleury-Mérogis, de m'oublier, de n'être plus moi mais lui, afin de souffrir à sa place.

Lorsque Claude mourait de son cancer à l'hôpital, j'aurais donné ma vie pour lui comme n'importe quelle personne qui aime. Aimer, qu'on me pardonne de rappeler cette évidence, n'a de réalité que si l'on aime l'autre davantage que soi. Le scandale de rester en bonne santé, de continuer tandis que l'autre s'arrête, semble si énorme qu'inverser la situation créerait l'enchantement : c'est moi qui meurs, c'est lui qui vit, alléluia ! Dans l'histoire, on omet un détail : l'autre – celui qui vous aime aussi davantage que soi – refuserait l'échange avec horreur. Il veut vous voir vivre. Sans doute est-il persuadé qu'il ne s'en va pas tout à fait et que, de l'endroit où il se réfugiera – il logera bien dans un endroit, ne serait-ce que dans votre mémoire –, il pourra encore vous protéger et vous aimer.

Je n'ai compris qu'un certain temps après la mort de Claude que je lui avais épargné le plus dur : exister dans un monde où je n'existerais plus. Avec une expérience de la douleur physique limitée, je me révèle incapable de mesurer ce que lui en a subi dans ses derniers moments. Il ne se plaignait pas mais je parierais qu'il dissimulait ce qui risquait de m'effrayer : l'étendue de cette douleur ou l'angoisse de la proximité de l'abîme. Ce ne fut pas le moindre de mes tourments que de penser aux siens et j'y pense toujours, à présent que son corps est en repos. Oui, à présent qu'il a cessé d'avoir mal, ma blessure, si elle n'est plus à hurler, ne se referme pas : on m'a arraché d'un coup, une nuit de juillet, la meilleure part de ma chair et de mon âme (j'écris « mon âme » un peu au hasard, n'ayant aucune idée de quoi il s'agit). Je poursuis donc mon chemin en orphelin amputé. Je ne souhaiterais à quiconque de l'être et je suis heureux – une satisfaction absolue – que Claude ne l'ait pas été.

J'ai noté, la fois où Kamel m'était arrivé amoché de sa bagarre stupide, que, rafraîchissant à l'aide d'un gant de toilette son visage meurtri, j'avais eu la vision réconfortante qu'il serait en train de me veiller quand je passerais l'arme à gauche. Il fallait un sacré égoïsme pour me réjouir du spectacle que je lui infligerais ! Aujourd'hui, j'espère qu'il n'y assistera pas, que nul, parmi la poignée des amis que j'adore, ne sera là. Aurai-je le courage d'affronter sans secours, comme un grand, les ténèbres qui m'absorberont ? Rien de moins sûr : il est probable que je crierai « Par pitié, aidez-moi ! » comme un petit garçon perdu. Au cas où je devrais réclamer Kamel, demeuré miraculeusement dans mon voisinage, je lui demande pardon par avance.

Décembre s'achève, le siècle s'achève (nous sommes en 1999), serait-ce la cause de ces réflexions crépusculaires ? La vérité est que je traverse une phase dépressive, dominée par la sensation que l'avenir ne me réservera plus que des broutilles en comparaison de ce que j'ai reçu jusqu'ici. En effet, si je m'achevais avec décembre et le siècle, j'aurais mauvaise grâce à protester contre le destin. Il m'a offert un amour rare, des aventures et la garde rapprochée de mes fidèles. M'a permis de subsister avec des romans et des pièces, des émissions et des articles, de faire des voyages, d'avoir un appartement où camper et une collection de tableaux d'artistes en marge des modes. Ne m'a pas contraint à des corvées. Ne m'a imposé ni la routine ni l'ennui. Lorsque je songe à ce Christian de quinze ans au fond de sa province, adolescent maigre dévoré du désir d'exprimer ses vertiges à défaut de les fixer, redoutant par-dessus tout le métier stable et le mariage, s'il avait l'occasion d'apercevoir le type qu'il est devenu, il n'en croirait pas ses yeux : « Moi, j'ai eu cette chance ? » Ne nous dépréciens pas : un certain charme et un talent assez volontaire ont contribué à la réussite de l'opération. Le charme s'est envolé avec la jeunesse. Pas plus tard qu'hier, Nicolas m'a dit en guise de compliment : « On devine que tu as été beau. » Quant au talent, à quoi bon le solliciter ? Un, deux ou trois livres de plus sur la liste « du même auteur » n'ajouteront rien d'essentiel à ceux déjà publiés. Ne pas gonfler son ruisseau, preuve de lucidité, d'élégance.

Guère adepte des solutions brutales, je n'envisage pas de me jeter dans la Seine ou sous une rame de métro. Je me contenterai d'attendre l'heure des adieux sans la précipiter. Je ne bouderai pas les plaisirs calmes de la conversation, de la lecture, de la musique, ou ceux, plus agités, que des coquins du genre de Nicolas ne manqueront pas de me procurer. Kamel, il vaudrait mieux que je le quitte. Le fameux second souffle, que j'étais convaincu qu'il m'apportait, me menace d'asphyxie. J'avais espéré une relation chaleureuse et claire où l'aîné aiderait le cadet en respectant sa liberté. Or la liberté du cadet étant confisquée, l'aîné ne profite plus de la sienne.

– Christian... Laura à l'appareil.

– Bonjour, Laura.

– Je me dépêche parce que je n'ai plus d'unités sur ma carte téléphonique et je voulais vous prévenir : je me sépare de Kamel.

– Vous vous êtes disputés ?

– Au contraire : cet après-midi à Fleury, ç'a été d'une douceur... un rêve.

– Alors ?

– Alors, comme de toute manière la rupture je l'avais programmée dans ma tête, je me suis dit : autant rompre tendrement. À la fin, on s'est embrassés... un baiser très long, j'arrivais plus à me décoller.

– Je m'étonne qu'il ait pris si bien la nouvelle.

– Quelle nouvelle ? Vous ne supposez pas que j'ai eu la bêtise de lui balancer : « Salut, mon bébé, je te reverrai plus ! » Pas folle la guêpe...

– Donc il n'est pas au courant de votre décision ?

– Je lui ai envoyé une lettre à l'instant, où je lui explique les choses. Gentille la lettre, et sincère : j'ai pleuré en l'écrivant. Ma copine Julie, avec qui je vais partir aux States, m'a chambrée : « Tu es ridicule de te retrouver en capilotade pour un prétentieux qui joue du couteau. »

– Il pleurera aussi.

– Possible. Après-demain – il aura eu ma lettre –, vous me remplacerez au parloir. Vous le consolerez, je ne suis pas inquiète. Excusez-moi, il n'y a vraiment plus d'unités, ça va couper. Joyeux Noël !

– Laura, je vous en prie, vous m'êtes très sympathique mais...

Coupé sur ce mais ! La phrase me reste au fond de la gorge : « Mais vous auriez pu repousser votre décision jusqu'au début de janvier, après les fêtes. C'aurait été votre cadeau de Noël. Récrivez une lettre qui annule la précédente et vendredi matin... vendredi matin 24 décembre – cette date ! vous vous rendez compte, Laura ? – vous filez l'embrasser, un de ces baisers très longs dont vous êtes la spécialiste. » Plus qu'une phrase, un discours me reste au fond de la gorge car, si j'apprécie la franchise de Princesse Dodue, je lui reproche de s'en servir comme d'un assommoir.

– Monsieur Christian...

À peine ai-je raccroché, le téléphone se remet à sonner :

– Monsieur Christian, comment allez-vous ? C'est la maman à Kamel. Je ne vous dérange pas ? En cette période, vous êtes certainement occupé avec votre famille. À Noël, enfants, cousins, nièces, on se réunit, on se serre les coudes. Ma fille Rolande, la demi-sœur à

Kamel, vient d'accoucher. Une merveille : il est si rose, si mignon… dommage que Kamel soit pas là, toujours il a adoré les gosses et maintenant le voilà tonton. Monsieur Christian, à votre avis, il sortira bientôt ? C'est pas normal, c'est dégoûtant qu'ils le tiennent enfermé et que les copains soient dehors à s'amuser. Des bagarres comme la sienne, ça mérite pas autant de prison, ça court les rues. Dans la cité, dès dix ans, ils apprennent à se défendre. « On doit casser la loi de la jungle », m'a dit un éducateur. S'il pense y arriver avec un centre sportif par-ci, par-là, il se fourre le doigt dans l'œil, parce qu'en attendant c'est la figure qu'ils se cassent et salement. Interrogez les autres mères : nos fils ? des sauvages, des bêtes féroces, ils rentrent en sang à la maison. « Qui t'a fait ça ? » Ils avouent rien, ils portent jamais plainte à la police. Je vous le jure sur sa tête : mon Kamel, il n'est pas méchant, il a du cœur. C'est un petit diable malin comme un singe, pas plus. Quand je l'emmenais au collège, il s'arrangeait pour sauter le mur une fois que j'avais tourné le dos. Le directeur m'a convoquée, un homme énervé, pénible, il m'a fait la leçon, que je savais pas l'élever, qu'il fallait sévir, etc. Le père à Kamel, il s'est senti coupable et il a battu Kamel avec un ceinturon de l'armée. Il l'a regretté après, car il est pas violent, il est routier. Mais Kamel l'a pas digéré, il a disparu. De temps en temps, il revenait, toujours propre et bien habillé : « Je me débrouille, maman. Je bosse dans le carrelage. » Je lui donnais un billet en cachette du père qui, je le répète, est pas un mauvais gars : on vit ensemble depuis vingt ans, un bail ! Mais lui et Kamel, ça ne fonctionne pas et puis le père a une seconde femme au bled, en Algérie. Mon Kamel serait jaloux à ma place que je serais pas tellement surprise. Il plaît aux filles, le vilain, il n'a qu'à se baisser pour les ramasser. Cette Laura, vous croyez qu'il se mariera avec ? Si j'avais un bébé de lui, je deviendrais folle de bonheur et son père aussi serait fier. Et vous, monsieur Christian, je suis sûre que vous seriez fier également : Kamel vous prouverait qu'il a réfléchi à la vie. Il me parle de vous comme d'un dieu : « Monsieur Christian, qui a perdu son fils Claude, m'a pratiquement adopté. Il me tirera d'affaire grâce à l'avocat, un as de ses amis. » Merci, monsieur Christian. Mon Kamel, je le connais sur le bout du doigt, il n'oubliera pas votre bonté : si vous tombez malade, il vous soignera. Soyez pas trop bon quand même, soyez un peu sévère, comme a dit le directeur et comme on n'a pas su l'être assez, son père et moi. Nous, pour Noël, on a voulu qu'il se régale. On lui a envoyé un beau colis à la prison : des biftecks dans le filet – attention pas de la supérette, du boucher qu'il préfère –, il fallait pas lui en promettre lorsqu'il était chez nous. Et une folie : de fines tranches de saumon. Et j'ai fait un gâteau mais j'ai peur qu'il arrive brisé. Généreux comme il est, mon Kamel, vous allez voir qu'il va en offrir à son collègue de cellule. Encore de bonnes fêtes monsieur Christian !

Bonnes fêtes ! elle a le mot pour rire, la mama. Durant l'évanouissement de ce siècle, tandis que se préparent des réjouissances grotesques, je souhaiterais être à des milliers de kilomètres d'ici, au cœur d'un de ces pays tropicaux où j'ai naguère voyagé, assis près d'une rivière, immobile dans la tiédeur de l'air, sans personne, sauf, indifférents, une femme qui lave du linge et son enfant qui nage à côté d'un buffle. À minuit, le 31 décembre, ils s'évanouiront avec le siècle. Je plongerai mes mains dans l'eau fraîche, me mouillerai le visage. Renaîtrai.

Jeudi 23 décembre, après la douche du matin, j'écris une scène de ma pièce, une scène de rupture. Ça ne marche pas mal, ce qui confirmerait que j'ai l'idée ou l'envie de rompre. L'auteur et le jeune Beur se déchirent malgré leur violente affection mutuelle. La logique est respectée ainsi que le fatum, règle principale – la seule à suivre, me semble-t-il – de l'art dramatique. J'ai prêté au Kamel de la fiction des actes qu'il n'a pas commis : vols à mon encontre par exemple. Je lui fais refuser avec la dernière énergie de dire « je t'aime », alors que le Kamel de la réalité me l'a dit si simplement. Conclusion : le Christian de la réalité, qui ne refuse pas de dire « je t'aime », refuse d'être aimé. Un emmerdeur compliqué dont le fond de la nature est de ne pas s'aimer, malchance que le Christian de la fiction reçoit en héritage.

Ne pas prolonger l'indécence de l'autocritique morose. Sortir. Boire un café au comptoir d'un café. Sortir. Boire un café à la table d'un café. Sortir. Manger des œufs sur le plat, installé à une banquette de brasserie. Boire un verre de vin et un café. Sortir. Le soir déjà, le vent, l'hiver. Monter dans un bus avec les gens et leurs paquets. Sortir. L'immeuble banal non loin de Stalingrad. Tourner autour. Y pénétrer. Y pénétrer ou pas ? T'as des couilles ou pas ? J'en ai pas, pas ce soir. Raser les murs. Rentrer chez moi.

– Eh ! l'ancien...
– Oui.
– Tu cherches ?
– Oui.
– Y a plein de keufs, viens sous le porche.
– Oui.
– De l'extra, bien servie.
– Oui.
– La tune.
– Oui.
– Un billet de plus.
– Oui.
– Salut, l'ancien !

À présent il me reste à me procurer de la cellophane. Où l'achète-t-on, la cellophane ? Tous les magasins sont ouverts tard cette semaine, à l'exception des magasins où se vend la cellophane. Ça n'a pas d'importance : demain, je me pointerai aux aurores à Fleury. Dans le parking, j'aviserai une des visiteuses : « Mademoiselle, par hasard, n'auriez-vous pas un rab de cellophane ? »

Vendredi 24 décembre, ma voiture rangée dans le parking à l'abri des peupliers idiots, j'hésite à choisir ma bienfaitrice parmi les quelques femmes isolées en train de piétiner devant la maison d'arrêt. L'une est trop vieille, l'autre a l'air revêche, la troisième c'est la blonde délurée qui conseillait à sa copine de changer de mec s'il en prenait pour sept ans. Avec elle pas de problème, il suffirait que je montre le shit, elle comprendrait. Elle m'aiderait à confectionner le précieux paquet, me le glisserait sous la langue. La voici qui m'accoste, épanouie :

– Monsieur, excusez-moi, je voudrais vous demander quelque chose…

– Coïncidence : moi aussi.

– Vous avez pas un miroir de poche ?

– Je regrette.

– C'était pour vérifier si mon rouge à lèvres débordait pas.

– Non.

– Sincèrement ? Et les paupières ? Les cils ?

– Ça va.

– Mon ami fait partie des libérés de Noël. Dans dix minutes, il me serrera dans ses bras. Alors il faut que je sois au top, maquillée impeccable. Et vous, le vôtre, on le libère ?

– Pas encore.

– Ah ! vous aviez un truc à me demander…

– J'ai oublié.

Après m'avoir observé avec sympathie – l'humanité entière lui serait sympathique aujourd'hui –, elle s'écarte pour se diriger vers l'entrée de la forteresse bétonnée où elle rejoint le gros du troupeau. Son manteau orange et son pantalon rose tranchent sur les vêtements sombres de ceux qui l'entourent, affichant le mauvais goût du bonheur quand la tristesse se résigne à la dignité. Au bout de dix minutes, ainsi qu'elle l'a annoncé, son ami franchit la porte : un grand Black, lesté d'une valise en carton qu'il ne lâche pas pendant qu'il étreint la fille accrochée à son cou. Soudain il la soulève et, enrichi de ses deux fardeaux, elle et la valise, il se sauve en courant comme un voleur. Les retrouvailles qui suivent, dans leur brève série, n'offrent pas le spectacle d'un tel enthousiasme : les couples reformés s'embrassent sagement puis s'éloignent sans hâte d'un lieu où – il n'y a pas de miracle – ils auront à revenir. Nous le reste du troupeau, les infortunés dont les amis, fils, frères ou neveux n'ont pas bénéficié de la grâce de Noël, nous continuons à nous geler en attendant qu'on daigne nous appeler.

Apparition du gardien chargé de la besogne. Merde ! mon shit... Non protégé par la cellophane, il me fera coincer au contrôle. Des flics m'emmèneront dans un bureau : j'y subirai un interrogatoire à l'issue duquel on me supprimera le droit de visite. L'horreur absolue ! Ne pas perdre un instant : me débarrasser de l'innocent produit. Ça y est ! Je le tiens entre mes doigts. M'en débarrasser... mais comment ? Me reculer d'une cinquantaine de mètres, le jeter dans la poubelle remplie de canettes et de détritus... Impossible : le gardien aboie le nom de Kamel. Deux solutions : ou j'y vais ou je me dégonfle. Si j'opte pour la prudence et m'enfuis, Kamel, seul au parloir (« Finalement vous n'avez personne, retournez en cellule ! »), pensera, avant d'être détrompé à notre prochain rendez-vous, que je l'ai abandonné comme Laura. Perspective inenvisageable. Le gardien répète le nom de Kamel en aboyant davantage. J'ouvre la main : le shit tombe par terre aux pieds d'un vieil Arabe impassible. Je fonce vers le gardien. Pourvu qu'aucune âme charitable, ramassant la barrette, ne me la tende (« Monsieur, monsieur, c'est à vous ! »). Le gardien, lui, mécontent que je n'aie pas obéi sur-le-champ à son appel, me lance : « Alors quoi, vous rêviez ? » Son ton rogue me semble exquis.

À Kamel, dans la cabine qui nous est réservée, je raconte ma mésaventure de passeur de hasch. Son demi-sourire et ses yeux mouillés me remercient amplement de mes efforts infructueux.

– Mais, Cricri, s'agit pas que tu prennes des risques. Stalingrad, c'est pas un endroit pour toi.

– Laura y allait...

– Laura n'ira plus. J'ai reçu sa lettre, elle en a marre de moi. D'ailleurs j'ai mis un pull noir, tu as remarqué ? Je porte son deuil.

– Rien n'est peut-être définitif...

– Te fatigue pas. Elle me largue au plus mauvais moment. Je ne l'aime plus. Je m'en fous.

À l'aide d'à peu près les mêmes mots, il avait enterré Félicia. J'admire que, par fierté, il dissimule son chagrin. À moins qu'il n'éprouve pas le chagrin que je suppose. Si la vie brise notre liaison, déclarera-t-il à un tiers : « Christian m'a largué. Je m'en fous » ?

– Tu es là, Cricri. Toi, tu me largueras jamais. Et y a tous tes amis, les tiens pas les miens, parce que les miens je les vomis, maintenant les tiens c'est les miens. Ils m'ont souhaité Noël en m'adressant des cartes : évidemment Jérôme et ses enfants puis Jacques et

Véronique qui nous ont invités en Normandie, la jolie Raphaëlle que j'adore, Francis le Bruxellois si affectueux, Patrick, Gabriel, tes écrivains préférés... Chez qui tu dînes ce soir pour le réveillon ?

– Jean et José.

– Le metteur en scène et le peintre ? Tu me présenteras à eux, hein ? Qu'est-ce que vous mangerez ? De la dinde ? Moi, le saumon de ma mère en regardant la télé avec mon codétenu. Ce sera un jour presque comme un autre, un jour pas mieux qu'un autre, un jour que j'aurai plus à vivre.

Je lui assure que les jours tristes s'effaceront bientôt au profit des jours radieux, qu'il doit avoir confiance... les banalités habituelles. Quand arrive l'heure du départ, curieusement nous oublions de nous précipiter l'un contre l'autre. Pas de baiser sur les lèvres, pas même de baiser sur les joues. Il me caresse de ses yeux... J'ai noté quoi de ses yeux ? Mouillés ? Noyés serait plus exact.

Si ce siècle était un roman, j'en déchirerais les dernières pages. Une tempête vient de s'abattre sur la France, déracinant des arbres, arrachant des toits. Il mériterait bien ça, le siècle, une vraie tempête sur la gueule. Et sous mon crâne aussi, une vraie tempête : on nettoie ! on nettoie ! À éliminer d'abord, pas la lassitude, mais les à quoi bon, pas les merveilles que j'ai connues (se renier égale se flinguer), mais l'idée que je n'en connaîtrai pas de nouvelles. Une suffirait à justifier la poursuite de l'histoire. Une me suffit donc. Nom de code : Kamel. Il n'est pas en mon pouvoir d'évaluer l'importance de la merveille, son éclat, ni ses effets nocifs, car il existe de redoutables merveilles, des merveilles mantes religieuses capables de vous dévorer tout cru. J'entends par merveille un être qui chute sur mon territoire comme un aérolithe dans un désert. S'il m'étouffe, il m'étouffera : quelle connerie de m'interroger à propos de mon second souffle ! Monsieur Christian, par pitié, ne vous occupez plus du confort de votre jouissance (vous avez le charmant Nicolas, bravo et baste !). Vous détacher de votre encombrante merveille serait d'un dégonflé, vous en concevriez de la honte et du remords. Acceptez-la telle qu'elle est. Accepter : début de la sagesse pour vous qui en possédez si peu.

Quand même, ma fin de siècle je l'avale avec difficulté. Un 31 décembre est rarement un étalage de finesse, le 31 décembre 1999 hisse la vulgarité au rang des beaux-arts. L'idéal en promotion se résume à l'air célèbre d'Offenbach : « Je vais m'en fourrer, fourrer jusque-là... » Qu'il crève d'indigestion, le siècle, avec son gros ventre plein de fric et de merde ! Dommage que je n'aie aucun talent de pamphlétaire, je lui aurais réglé son compte vite fait. D'autres s'emploieront à la vengeance – le vingt et unième siècle paiera les dettes du vingtième –, par exemple ce gamin qui, aux Philippines ou en Malaisie je ne me souviens plus, vendait des cigarettes une par une, assis dans la poussière près d'un restaurant. Les clients, notables du coin accompagnés de femmes élégantes, entraient sans lui accorder la moindre attention. Lui les scrutait comme s'il avait voulu graver leurs figures dans son esprit, de façon à en nourrir sa haine : dans quelques années, il dirigerait le peloton d'exécution chargé de les expédier en enfer.

Mon enfer à moi, ce 31 décembre 1999 au matin, c'est Fleury-Mérogis dont les couloirs conservent les guirlandes de Noël qui pendent du plafond : atmosphère d'une salle de mairie provinciale après un bal d'association sportive. Les mères y traînent leurs enfants en bas âge : deux par mère en moyenne, Paris se repeuple... surtout sa banlieue. Cris et pleurs percent les tympans, entretenus, augmentés, par les gifles que les pauvres femmes administrent pour les calmer. Pauvres femmes, pauvres gosses qui grandiront avec ces images de film misérabiliste : ils allaient voir leur père dans une cabine exiguë et, avant qu'ils subissent les assauts de tendresse du prisonnier, on les claquait. Comme le gamin malais ou philippin, ils auront le droit plus tard de prendre la Bastille.

Pendant notre face-à-face minuté, Kamel et moi entendons ces pleurs et ces cris que les cloisons réduisent à peine. Je chantonne :

– Il est né le divin enfant/Sonnez hautbois, résonnez musettes...

– Tu es démodé, c'était la semaine dernière.

– Le petit Jésus, c'est tous les jours qu'il pleure et qu'il crie. La preuve !

Kamel, qui n'a pas compris le sens de ma remarque – moi non plus d'ailleurs – change de conversation :

– Elle était comment la dinde à Noël ?

– Excellente. Et le saumon ?

– Pas mal. En réalité, j'aurais eu envie de poulet.

Mon codétenu, lui, s'est léché les babines. Ça manquait de shit. La faute à Laura, pas la tienne. Mais tu devrais m'apporter un cadeau lundi…

– En tant que fraudeur je suis nul, tu t'en es aperçu.

– Tu achètes un parfum, Yves Saint-Laurent ou Hugo Boss, un de ceux qui explosent le nez. Tu l'embarques dans la Twingo. Tu arrives au parking. Là, tu sors le parfum et tu t'en vaporises partout : la tête, les mains, les habits, partout. Comme ça, je pourrai le respirer sur toi. On se blottira, on se collera bien fort : le parfum passera de ton pull à mon pull et je sentirai bon au moins jusqu'au déjeuner. Promis ?

– Promis, à condition que tu ne m'infliges plus ce pull. Pas question de parfumer un type en noir.

– T'as raison, le noir c'est pas ma couleur. Je garde le pull jusqu'à la fin du siècle et demain je le solde. Toi, le siècle, tu le finis chez Jérôme et ses enfants ?

– Jérôme sans les enfants : ils sont invités par des camarades.

– Lui et toi, comme des frères alors ?

– On pensera beaucoup à notre Kamel.

– Je suivrai les émissions à la télé, leur fête à eux où je serai pas. Cette fois je tiendrai le coup jusqu'à minuit pile et, à minuit pile, conférence avec madame cinq.

Dans l'appartement de Jérôme, il n'y a pas de poste de télévision. Aux murs, des photos de ses enfants et des tableaux de Claude. Nous avons mangé, parlé comme des frères en effet, si les frères savent se parler. À minuit pile, du balcon, nous avons vu la tour Eiffel s'embraser en silence.

Avant le procès

Le procès aura lieu le 10 février. Le juge a bouclé son instruction et, comme prévu, l'affaire se plaidera en correctionnelle, pas aux assises. En revanche Kamel restera en prison jusque-là, le magistrat ayant à nouveau refusé sa libération sous le prétexte, qui ne tient pas debout, qu'il risquerait d'influencer les témoins, alors que les témoins ont déjà déposé et ne seront plus entendus. « On n'a pas tiré le gros lot avec ce juge-là, commente Fabrice au téléphone. Il aurait mieux valu que Kamel comparaisse libre à l'audience mais ne vous inquiétez pas trop (T'inquiète ! dirait Kamel, qui ne le dit plus depuis un certain temps), nous mettrons en avant des éléments additionnels non négligeables : l'excellent rapport du psychiatre, la promesse d'embauche (promesse d'un ami qui se dévoue afin de m'être agréable). Quant à la victime, poursuit l'avocat, elle nous joue l'Arlésienne et il y a fort à parier qu'on n'entende plus parler d'elle. »

Avec Fabrice, un vrai courant de sympathie s'est instauré. Bon pianiste, comme l'était Claude, il me raconte ensuite le récital d'un virtuose auquel il a assisté. J'aimerais garder l'esprit assez libre pour discuter de l'interprétation des mazurkas de Chopin, mais je ne lui fournis qu'une plate réplique. M'intéresser à autre chose qu'au sort de Kamel relève du tour de force.

J'ai du mal à croire qu'avec la mine qu'il a, il n'ait pas suscité la compassion du juge. Si j'imagine peu un austère représentant de la loi se laisser amollir par le charme d'un jeune homme, je ne conçois pas que, avec son expérience des délits, il n'ait pas senti en Kamel, sinon un innocent, du moins un faux coupable, un impulsif dont les nerfs ont lâché durant une bagarre aux conséquences pratiquement nulles. La vérité sans doute est qu'il se fout de ce genre de paumé de banlieue reproduit à des milliers d'exemplaires, qui, de plus en plus, emmerdent tout le monde. Alors autant qu'ils moisissent en taule, lui et ses clones ! Si une société se défend ainsi, comme un père fouettard, c'est qu'elle ne possède aucune autorité réelle, donc que la mort la guette. Les responsables politiques, toujours en veine de démagogie, consolident leur fonds de commerce par des discours sécuritaires préconisant l'éradication des zones de non-droit. Pensent-ils sans rire qu'une prison constitue la zone radieuse du droit ? Elle vous offre la possibilité de sortir grand voyou après être entré petit délinquant.

La presse se fait l'écho en ce moment des révélations d'un médecin de la Santé sur la vie carcérale. Un constat affligeant : insalubrité, viols, suicides, de quoi m'empêcher de dormir. C'est réussi, ça m'empêche de dormir. Une nuit à se jeter par la fenêtre !

Ce matin, du même caractère de cauchemar que mon insomnie, un bouchon sur l'autoroute. La crainte d'arriver en retard au parloir me rend dingue : je tremble tel un damné. Une alarme vaine car la situation se débloque rapidement. Le jour est encore dans les limbes lorsque je me gare près des peupliers qui, d'idiots, sont devenus pathétiques depuis que la tempête récente les a privés de quantité de branches.

– T'as une drôle de tête, dit Kamel. Tu ressembles à un chiffon.

– Pourquoi un chiffon ?

– T'as des cernes, t'es plissé... une rage de dents ?

– Une panique dans le cerveau. Kamel, je te supplie de ne pas me mentir : est-ce que tu m'as bien raconté la vérité sur ce qui se passe ici ?

– Pas toute la vérité, y a des détails pas intéressants...

– Ce sont les détails qui m'intéressent : si on t'a menacé, si on t'a frappé, si on t'a...

– Baisé ?

– Je suis pas trop angoissé de ce côté-là... pourtant si tu as été confronté à un problème grave, avoue-le-moi, j'interviendrai.

– Tu veux savoir aussi la date de mon suicide ?

Il s'est mis debout : de haut, il m'examine comme un gosse étonné un poisson d'aquarium. Verdict :

– Faudrait que tu te soignes.

Il se rassied.

– Tu m'as déjà posé ces questions et je t'ai déjà répondu. Ici, personne m'attaque, on me respecte. Je me tuerai pas parce que les gens qui se tuent, c'est des gens qui ont pas le courage de résister. T'inquiète...

Il reprend son leitmotiv.

– Et cesse de me bassiner avec ces machins à la con, tu serais gentil.

Je lui explique la cause de mon insistance : le livre de ce médecin de la Santé qui a provoqué une série d'articles, plus virulents que ceux que j'avais parcourus voilà deux mois, augmentés de polémiques dégageant un parfum de scandale.

– Le parfum, c'est ça le scandale ! T'as complètement oublié le parfum, t'es pas fidèle à tes promesses...

– Je te demande pardon.

– J'étrennais ce beau blouson Lacoste exprès pour que tu me l'imprègnes.

– Comment tu l'as eu, le blouson ?

– Si je te disais : je me suis débrouillé, t'aurais peur ?

– Oui.

– Et t'aurais pas raison. C'est un mec libéré à Noël qui me l'a refilé avant de partir : une tradition dans cette boutique. Il rapporte pas ça, le journal ?

Je lui redemande pardon, admire – en me forçant – le jaune du blouson Lacoste et ajoute une flatterie assez nulle :

– Beau blouson pour beau garçon.

Ce qui correspond à une réalité : Kamel n'a pas, lui, une drôle de tête mais le visage lisse, le teint frais – ces clichés ! – de quelqu'un épargné par l'insomnie.

– J'essaie d'être dans ma bulle, Cricri. De rester propre. Ici c'est dégueu, d'accord, un trou à rats hyper emmerdant : je t'ai rancardé là-dessus. Je fais le gros dos, comme si je voyais rien, et je me mêle à rien. Devine où j'ai l'impression de me trouver : dans une maison de retraite.

– Tu vas la quitter, ta maison de retraite.

– Dehors, tu récupéreras un petit vieux.

Son demi-sourire et son air lointain – avec ce regard flottant qui évite de se poser sur moi, qui chercherait plutôt à se poser derrière moi – accentuent l'obscurité d'une phrase à propos de laquelle je ne l'interrogerai pas, l'ayant suffisamment harcelé aujourd'hui. Malgré mon peu d'entrain, je préfère continuer dans la voie de l'optimisme :

– Sois patient, mon Kamel. Il n'y a plus qu'un mois avant le procès... un mois c'est court.

– En tout, on aboutit à six mois. Six mois, c'est long. Ils me condamneront encore à six mois, peut-être un an – ça se paie ça les coups de couteau, même en correctionnelle, je me suis renseigné – et là, ce serait terrible parce que toi tu craquerais et, dans ce cas, je péterais les plombs, je me tuerais.

– Tu prétendais à l'instant que tu ne te tuerais jamais.

– Je me tuerai pas, sauf si tu me largues. C'est du chantage, monsieur l'écrivain !

Son humour me rassure et sa main qui rejoint la mienne dans un geste d'affection spontanée. Mais il aurait voulu m'effrayer qu'il ne s'y serait pas pris différemment, remettant le suicide sur le tapis comme s'il s'agissait d'un sujet anodin. Quant à la condamnation éventuelle, je partage son appréhension, Fabrice demeurant très vague : « On peut espérer obtenir du sursis. » Il est certain que la peine de Kamel ne sera pas inférieure – et on l'aggravera selon toute vraisemblance – à celle qu'il purge depuis fin août en préventive. Quelle hypocrisie dans ce système ! Le juge d'instruction, lorsqu'il a décidé de le maintenir en prison, a prononcé l'essentiel de la sentence. Une responsabilité bien grande pour un homme, à mon avis, aussi léger. Je ne doute pas qu'il existe des juges plus attentifs, plus indulgents – peut-être trop – qui ne se définissent pas seulement comme des machines à punir.

Je tais ces considérations devant Kamel de peur qu'il n'y découvre un motif de révolte. Or je n'oublie pas qu'il a commis un acte dont il importe de mesurer la dangerosité potentielle. Rien ne se détecte de crapuleux dans cet abandon de quelques secondes à un instinct de bête traquée. Une faiblesse de ce type équivaut cependant à une faute (mon éducation protestante revient au galop), faute d'un faux coupable (j'insiste) qui, quoiqu'il n'ait pas eu le désir d'accomplir le mal, doit l'expier. Il l'expiera un jour, loin de Fleury-Mérogis, lieu d'une sanction inappropriée où il n'aura appris qu'à freiner l'indispensable retour sur soi-même.

En sortant de la forteresse de béton, tandis que je me dirige vers le parking, j'aperçois à l'arrêt du bus une femme d'une cinquantaine d'années que j'ai croisée plusieurs fois. De petite taille, vêtue d'un imperméable clair façon *Quai des brumes*, elle me salue. Je m'arrête :

– Vous rentrez à Paris ?

– Oui.

– Si ça vous arrange, je vous emmène. Je vais dans le XVe.

– Gare Montparnasse, ce serait l'idéal : j'ai un métro en ligne directe.

Selon la circulation, trente à quarante minutes de trajet : le temps d'échanger autre chose que des banalités dans le confessionnal de ma Twingo. Pour amorcer la conversation, comme je remarque un livre enfoncé dans la poche de l'imperméable :

– Vous aimez lire ? dis-je.

Quand on drague, au début on est rarement plus brillant. Je ne drague pas, j'ai besoin qu'on me parle, qu'on me plonge dans une histoire qui me distraira de la mienne.

– Je lis, dit la femme, un roman d'Agatha Christie.

– Excellent.

– Vous appréciez les polars ?

Je m'en balance, à l'exception de ceux d'Agatha Christie, de Jean Ray et autres vieilleries qui mériteraient un label plus distingué. Je mens parce que je pressens que je vais y trouver mon compte :

– Je les adore.

– Mon fils aussi.

Nous y sommes. Je n'ai qu'à répéter « Votre fils ? » et c'est parti. Son fils, elle vient le voir trois fois par semaine. Une épreuve terrible qu'ils traversent, elle et lui. Car, après le drame dont il a été l'acteur, nul ami ne les a soutenus. Elle travaille dans une administration, eh bien, les collègues ne communiquent plus avec elle que pour des questions de service. Et le ton qu'ils emploient ! La bave coule de leur bouche. Le père du garçon, l'ex-mari, mort de honte, ne s'est quand même pas dérobé : un militaire de carrière, ça possède le sens du devoir. Il a engagé un avocat chevronné qui passe à la télé. Le ténor du barreau lui a coûté dix briques. Pour ce prix-là, il aurait pu se fouler davantage au lieu de se contenter de rencontrer son jeune client un après-midi – pas deux, un ! – puis de bâcler une plaidoirie ronflante qui n'a convaincu personne et surtout pas le président, un débutant dans le métier dont le zèle s'exerçait avec une agressivité indécente au détriment de l'accusé. Face aux attaques assénées à son fils, la mère a fini par s'évanouir. Ça n'a pas ému cet homme sans cœur, plus bourreau que jamais lorsqu'elle a refait surface. Elle se montre persuadée qu'au moment de la délibération, il a influencé des jurés qui n'ont pas inventé la poudre, on se demande où l'on ramasse de pareils spécimens. Comme, auparavant, l'avocat de la victime et l'avocat général n'y étaient pas allés avec le dos de la cuillère, il a joué sur du velours. Conclusion ?

– Ils lui ont collé treize ans. Treize ans quand on en a vingt-trois, vous appelez ça la justice ?

Durant son monologue, elle n'a cessé de fumer : des cigarettes qu'elle écrasait à moitié consumées dans le cendrier. Habitée par une rage qui, elle, ne saurait s'éteindre, détaillant « la corrida ignoble des assises », la petite dame ne se souciait guère de moi – je n'étais qu'une oreille –, maintenant elle réclame ma présence dans son camp :

– Sincèrement vous appelez ça la justice ?

J'émets un bruit de gorge sans signification. Qui ce jeune a-t-il tué et comment – ou, s'il n'a pas tué, quel est son crime ? – pour avoir écopé d'un tel châtiment ? Je répète « Votre fils ? », manœuvre sommaire qui m'a réussi tout à l'heure. C'est reparti mais pas dans la direction que ma curiosité souhaitait. La mère dresse le panégyrique de son rejeton qui a poursuivi ses études derrière les barreaux. Il a eu son bac, entreprend une licence de psychologie. Ainsi impose-t-il son nouveau style, même son père en reste comme deux ronds de flan. Une volonté de fer que la prison et son atmosphère ténébreuse n'arriveront plus à casser ! Lorsqu'il s'enferme dans sa cellule avec ses cahiers et ses bouquins, tant pis si on tabasse quelqu'un à mort au cours d'une promenade devant des surveillants passifs, tant pis si on maquille le meurtre en suicide, c'est une honte mais ce n'est plus son problème. Lui, il pense à son avenir. J'interromps la *mater gloriosa :*

– Ce meurtre me semble impossible.

– Impossible n'est pas français, particulièrement dans un endroit aussi pourri.

Sa lourde ironie ne la déride pas et je n'obtiendrai pas de précision supplémentaire sur cet éventuel scandale que m'avait déjà, sans y avoir assisté, évoqué Kamel.

– Il a dû vous le dire, votre… c'est aussi votre fils que vous venez visiter ?

– Oui… non… pas exactement.

Peu timide de nature, je rougis comme un élève qui n'a pas révisé sa leçon.

– Qu'a-t-il commis ?

– Il s'est battu au couteau.

Tandis qu'elle me cache soigneusement la vérité sur le délit de l'être qu'elle aime le plus au monde afin de m'en fournir une image valorisante, quel démon me pousse à trahir Kamel en lui avouant sa faiblesse ? Je tente une marche arrière qui consiste à dédramatiser l'événement :

– Il ne s'agit que d'un malheureux concours de circonstances, une bagarre où il n'y a eu qu'un blessé léger : son adversaire. Bref, mon... mon filleul se retrouve en taule. On attend le procès.

– Ça n'a pas l'air gravissime.

La raison de mon déballage m'apparaît aussitôt : j'espérais entendre de cette inconnue un constat de ce genre. Ma joie est de courte durée car elle ajoute :

– Mais il suffit de tomber sur un salopard de juge désireux de faire un exemple... Méfiez-vous !

Pas de méchanceté dans sa phrase. Au contraire, si j'en crois le ton qui s'est adouci, elle me prévient par gentillesse. D'ailleurs je murmure un mot de remerciement. Je n'en regrette pas moins de l'avoir invitée dans la Twingo.

À Kamel, cinq jours plus tard, je me garde d'une allusion aux propos désabusés de la femme à l'imperméable sur le fonctionnement des tribunaux. Je n'ai pas oublié cette fois de m'inonder de parfum et nous nous sommes serrés l'un contre l'autre avec une conviction qui frôle l'hystérie.

– Ah ! putain, s'écrie-t-il, si j'étais buvard, je pomperais l'humidité du parfum pour sentir bon toute la semaine.

Il me raconte qu'un détenu a reçu dans un colis de linge une serviette-éponge où son amie avait versé un litre de Ricard. Jetée sous le robinet du lavabo puis essorée, la serviette aurait dégorgé plusieurs verres de pastis.

– Si tu ne mens pas, c'est vraiment un trafic infect. Tu en as bu ?

– Non. C'est sale, t'as pas tort. En même temps, ici ça plaît comme les trucs qu'on a plus, qui proviennent de l'extérieur. Cricri, écoute-moi, tu peux me faire un immense plaisir. Mes tennis sont crevées, elles craquent de partout. Toi, tu en achètes des belles – pointure 41, notre pointure –, tu les choisis à ton idée. Au prochain parloir, tu rappliques avec et on échange : tu prends les vieilles, tu me donnes les neuves.

– Injouable.

– Y a pas plus facile.

– Si tu tiens à ce qu'on me repère et qu'on m'interdise l'accès à Fleury, d'accord.

Il n'y tient pas. Au fond, il se moque des tennis. C'étaient des signes de l'extérieur. Il remet ça avec l'extérieur. Il a besoin de conserver le contact, sinon il a l'impression de s'enfoncer dans un tunnel qui ne conduit nulle part.

À toutes les visites que je lui rendrai pendant ce mois de janvier, quand je le questionnerai sur son quotidien, il ne changera pas de vocabulaire : trou à rats, tunnel, ennui. Toujours en pleine forme physique, il s'inquiétera (ce sera alors à moi de m'amuser à lui retourner son « T'inquiète ! ») des légers maux dont je serai affecté : angine et mal de dos. « Nicolas, ta roue de secours, ne te soigne pas ? » demandera-t-il, un brin perfide.

Début février, la proximité du procès commence à le perturber :

– Franchement j'ai les jetons... ils vont me massacrer.

– Fabrice te défendra. Il démontera l'accusation de l'avocat général.

– Moi, j'aurai quoi à faire ?

– À répondre au président.

– Je vais lui répondre que des conneries.

– Aie confiance en toi au lieu de te dénigrer.

– Cricri, c'est public, la correctionnelle ?

– Oui.

– Tu y seras ?

– À toi de décider.

– Si tu y es pas, j'y serai pas non plus. Ils condamneront un fantôme.

– J'y serai.

Fabrice n'est pas très emballé par cette perspective. Bien sûr, elle ne me réjouit pas. Autrefois j'avais refusé d'assister aux combats que livrait un ami, champion de boxe amateur catégorie poids plume, sous prétexte qu'il m'aurait été intolérable de le voir encaisser des coups. Ceux qui seront portés à Kamel dans le prétoire m'atteindront par ricochet. Nous les partagerons et peut-être la souffrance qu'ils lui causeront s'atténuera-t-elle. Fabrice l'admet. Il regrette que je sois le témoin de l'humiliation qu'éprouvera Kamel : « Un accusé avale son humiliation jusqu'à la lie. » Le souvenir de sa fierté réduite en miettes sous mes yeux ne s'effacera pas. Ne risque-t-il pas d'empoisonner nos relations futures ? Nous n'en sommes pas là. Nous en sommes au procès. Demain.

Le procès

Rendez-vous est fixé à treize heures trente dans un café en face du Palais. Fabrice arrive juste après moi. Nous mangeons au comptoir un sandwich en évitant de parler de ce qui nous attend. Trois jeunes filles, stagiaires de son bureau d'avocats, nous rejoignent : elles assisteront à l'audience, ça fait partie de leurs études. La moins jolie me semble la plus sympathique parce qu'elle me glisse à l'oreille : « Défendu par quelqu'un d'aussi accrocheur que Fabrice, ça se passera bien pour votre ami. » Il nous quitte : « Je vais enfiler ma robe ! » dit-il drôlement, tel un comédien qui court se préparer en coulisse.

Nous le retrouvons, en robe, à la vingt-deuxième chambre où il est en conversation avec Kamel assis dans son box. Celui-ci, dès qu'il me voit, m'adresse le plus grand sourire dont il m'ait gratifié depuis que nous nous fréquentons : peut-être a-t-il craint que je me défile au dernier moment. Je tends vers lui mon poing serré afin qu'il comprenne que, non seulement je m'installe sur un banc à moins d'une vingtaine de mètres, mais que j'entends être actif pendant qu'on l'interrogera. En manière de plaisanterie, je l'ai déjà averti qu'à chaque question qu'on lui posera, je répondrai mentalement et que ma réponse s'envolera par magie de ma tête jusqu'à la sienne.

À quatorze heures, la salle est remplie aux deux tiers : une trentaine de personnes dont la plupart doivent être liées aux accusés de l'après-midi : des parents, des épouses – sans les gosses – comme à Fleury. En robe noire et chapeau du même ton, deux vieilles, style abonnées de l'Opéra-Comique quand on y chantait *Paillasse* en français (en italien ce n'est pas mieux), se placent juste devant moi. L'une confie à l'autre sa « passion pour l'art oratoire ». Je ne me suis pas trompé : elles sont venues au spectacle. Les stagiaires qui, elles, occupent le dernier rang, se penchent pour m'apprendre qu'il existe un public friand de ces séances où l'on punit les délinquants : le sadisme petit-bourgeois y saisit l'occasion de s'exercer.

Fabrice, délaissant provisoirement Kamel, me rejoint. Je le devine tendu : « Votre ami vous embrasse, ça le rassure que vous soyez là. Je lui ai donné mes ultimes conseils : en principe il se comportera comme il faut. » Lorsque je me rends à la création d'une de mes pièces, le metteur en scène me tient à peu près le même langage avant le lever du rideau : « Les acteurs ont beaucoup travaillé, ils sont motivés à cent pour cent, vous ne serez pas déçu. » Le trac qu'il me suppose, je ne l'éprouve pas, c'est le sien qu'il exprime. Aujourd'hui en revanche, la nervosité légitime de Fabrice déteint sur moi. J'ai peur, j'ai très peur, sans doute parce que, cette fois, je n'ai pas écrit la pièce.

Celle qu'on s'apprête à jouer, de laquelle je ne contrôle rien, commence avec du retard : une demi-heure... au théâtre on aurait sifflé, à la vingt-deuxième chambre on accueille en silence le président et les deux juges assistants, des femmes. « En ce qui concerne la justice, dit Fabrice, je n'aime pas les femmes : d'ordinaire elles ont la main plus lourde que les hommes. Le président, je l'ai connu quand il était juge d'instruction : un coriace. » Guère séduisantes en effet, sa corpulence bovine et sa voix de stentor. Il me rappelle un pasteur de Florac (Lozère) dont les sermons apocalyptiques me terrifiaient tellement – j'avais dix ans – que je m'agrippais au bras de ma tante, persuadé que Satan et l'armada de ses diables me dévoraient le cerveau. Cette vingt-deuxième chambre, avec ses murs nus et sa menuiserie sombre, ne me ramène-t-elle pas à la laide austérité d'un temple ? Dans mon effroi croissant, je franchis le pas qui me conduit à l'inquisition. Des images de tortures, de bûchers me traversent : celles du *Dies irae* de Dreyer.

À l'instant où le président apostrophe Kamel, par une bizarre métamorphose que je ne saurais logiquement expliquer, mon agitation intérieure s'apaise. Sous le ton bourru, je ne discerne pas de méchanceté, la volonté de secouer le fautif certes, de l'étriller, avant de le congédier d'une tape sur l'épaule : je prends mes désirs pour la réalité.

Le dialogue entre l'impressionnant personnage et le juvénile inculpé s'est engagé : Goliath contre David. Dans la Bible (*Premier Livre de Samuel,* ça sert quand même une éducation parpaillote), David le petit berger espiègle « au cœur malicieux » terrasse le géant philistin à l'aide de sa fronde. Pourquoi Kamel, par le biais de son astuce, ne se concilierait-il pas l'indulgence d'un magistrat dépourvu d'intentions guerrières ?

Le début de l'échange m'échappe en partie. Le dos tourné à la salle, face à ce président pour affronter l'interrogatoire, Kamel décline son identité, du moins je le présume car de ses paroles ne me parvient qu'un murmure indistinct. « Plus fort, s'il vous plaît ! » tonne le juge. Et moi, sans ouvrir la bouche, bissant cet ordre en secret, je le transforme en prière : « Kamel, un peu plus fort, s'il te plaît ! »

Pour le moment, il n'a pas grand-chose à dire, sinon à approuver le portrait que l'autre se met à tracer de lui :

– Vous êtes né à Montreuil ?

– Oui, monsieur le président.

– Fils d'Evangéline G. et d'Abdelkader A. ?

– Oui, monsieur le président.

– Vous avez commencé à fuguer très jeune. Treize ans ?

– Oui, monsieur le président.

– À cause ?

– À cause de mes parents.

– Ils ne s'entendaient pas ?

– Oui, monsieur le président.

– Ils s'entendaient ou ils ne s'entendaient pas ?

– Ils ne s'entendaient pas.

– Plus fort ! C'est vous que nous n'entendons pas. Précisez comment ça se passait entre eux.

– Mon père criait…

– Il criait seulement ?

– Des fois, il tapait.

– Vous ne le supportiez pas et vous vous en alliez ?

– Oui, monsieur le président.

Je comprends pourquoi Fabrice m'a parlé d'humiliation. Kamel doit être mortifié de se contraindre à de pareils aveux. Mais si le juge les lui a extorqués, ne serait-ce pas pour atténuer sa responsabilité ? Puis sont évoquées de menues frasques qui ont abouti à une légère condamnation alors qu'il était mineur. Le juge n'insiste pas là-dessus.

– Après cette incartade, vous vous débrouillez plutôt bien… enfin vous évitez les bêtises. Vous prétendez avoir travaillé au noir…

– Et aussi deux mois, un été, dans un centre de vacances…

– Selon votre employeur, vous avez correctement accompli votre boulot.

Le juge agite un papier sous le nez de ses assistantes. Il le repose et change de chapitre :

– On en arrive à cette nuit de Pentecôte où, dans l'appartement de votre copine…

Suit la lecture des témoignages recueillis durant l'instruction. Ils conservent leur zone d'ombre mais ne modifient pas ce que Kamel m'a révélé, dont il tente ici de se justifier tant bien que mal. Comme je n'aperçois pas son visage, qu'il s'est revêtu d'un pull à col roulé que je ne connais pas, j'ai l'impression étrange, la certitude fugitive, que ce n'est pas le vrai Kamel qui s'exprime sur ce ton hésitant auquel je ne suis pas habitué non plus. J'ignore tout de ce Kamel-là comme j'ignore tout de celui qui a frappé de deux coups de couteau un vague camarade. Sommé d'expliquer les motifs de son acte, il balbutie :

– Je l'ai pas fait exprès.

– Vous ne pouvez pas dire ça. Vous pouvez dire que vous aviez trop bu ou trop fumé, que vous ne saviez plus où vous en étiez...

Le juge tend une perche que Kamel se montre dans l'incapacité de saisir. J'ai beau lui souffler la réponse, la méthode magique – de ma tête à la sienne – ne fonctionne pas.

– Ce qu'il est timide, votre copain ! remarque ma stagiaire préférée. Normal dans le contexte.

Au tour de l'avocat général de jouer sa partition. Une femme très walkyrie qui souligne d'abord « l'extrême gravité » du délit avec une description morbide de « la lame qui crève la chair à deux reprises ». Elle attire l'attention sur le second coup. Elle serait prête à concéder que le premier a été porté dans un état d'excitation incontrôlé, mais le second ? Il indique clairement l'intention de blesser, voire de tuer. Elle stigmatise ces bagarres où les jeunes s'affrontent avec une violence accrue. La plupart du temps, malgré des membres cassés, des mutilations, leurs protagonistes se dérobent à la justice.

– Nous avons l'opportunité d'examiner une de ces situations où la loi est constamment bafouée et nous avons le devoir d'y mettre de l'ordre.

Pour énoncer ces banalités, elle est restée sobre dans le ton comme dans les gestes. La voici soudain qui s'anime, index pointé vers le plafond et trémolos à l'appui :

– Et la victime, avez-vous songé à la victime ? Avez-vous songé à la douleur de la mère de la victime ? On oublie trop les mères !

Dans le mélo, elle atteint les limites du grotesque. S'agit-il du *nec plus ultra* de l'art oratoire, cher à mes voisines de devant ? Au mot sacré de mère, l'une a remué un menton approbateur.

– La victime, reprend la walkyrie déchaînée, je déplore qu'elle nous prive de sa présence. Ce garçon aurait eu la faculté de nous décrire le traumatisme irrémédiable qu'il a subi. Laissez-moi le dire à sa place : désormais, monsieur le président, il ne pourra plus regarder le monde de la même manière, non, il ne pourra plus le regarder de la même manière !

Va-t-elle encore le répéter ? L'ensemble – mimique et texte – est si outré que ça me tranquillise presque : quel être doué de bon sens succomberait à cette rhétorique de bazar excitant le plus indécent des défauts humains : la sensiblerie ?

– Aussi fine qu'un bulldozer, commente ma stagiaire. Hélas, elle a du métier.

Après cinq minutes de philippique, le bulldozer réclame pour Kamel une peine d'emprisonnement de deux ans ferme.

À présent Fabrice est entré dans l'arène. S'étonnant, comme s'il en était scandalisé, de la sévérité de sa consœur qui a prononcé « un véritable réquisitoire de cour d'assises », il s'applique à démontrer qu'il n'y a eu nul désir de meurtre chez Kamel :

– Que le couteau des sandwiches ait traîné sur la moquette et qu'il s'en soit emparé, cela, monsieur le président, relève de la fatalité, pas d'un acte volontaire.

Fabrice, avec une précision qui ferait croire qu'il se trouvait ce soir-là dans l'appartement de Laura, décrit ce qu'il s'obstine à appeler « un regrettable accident » dont la responsabilité n'incombe pas au seul Kamel. Il dit au fond ce que j'aurais souhaité dire et aurais moins bien dit car, à la clarté de son discours, se serait substitué le vocabulaire anarchique de la passion. Fabrice, lui, dose un cocktail de raison et de véhémence. De son trac de départ, il n'a gardé qu'un imperceptible vibrato qui, à l'opposé des trémolos de la mégère, lui donne l'accent de la sincérité. Il reprend et retouche le portrait de Kamel tel que l'avait esquissé le juge, n'oubliant aucun des éléments à verser à son actif : sa reddition, son dossier psychiatrique, mon certificat d'hébergement et la promesse d'embauche que je lui ai obtenue. Kamel, il n'en doute pas, repartira du bon pied.

– Ce n'est pas à vous, monsieur le président, conclut Fabrice, que j'apprendrai qu'il y a des délinquants occasionnels et des délinquants abonnés à la délinquance. Observez cet enfant – car c'est un enfant impulsif qui fut paumé et qui ne l'est plus – et offrez-lui la chance de ne plus retomber du mauvais côté en lui accordant du sursis. Du sursis, je vous en prie !

Au terme de la plaidoirie, que les stagiaires au complet seraient prêtes à applaudir, le dernier mot de l'audience revient à Kamel :

– Je regrette beaucoup.

Le président et ses assistantes se retirent pour délibérer tandis que l'avocat, les stagiaires et moi nous retrouvons au café. Je remercie avec chaleur Fabrice que les filles félicitent.

– J'espère que le « je l'ai pas fait exprès » de Kamel n'a pas indisposé le tribunal, dit-il. Je ne suis pas tout à fait rassuré.

Nous le serons une heure plus tard lorsque, après être retourné à la chambre, il en reviendra avec le verdict :

– Vingt-quatre mois, dont dix avec sursis. Donc quatorze mois. Au bout de sept mois, à la moitié de la peine, je demanderai la liberté conditionnelle et je l'aurai. Le petit coquin sera dehors au printemps.

Après le procès

Le lendemain à Fleury, Kamel de nouveau avec la boule à zéro :

– J'ai été tellement mauvais hier, tu as dû avoir tellement honte de moi.

– Tu as été toi-même et, de toute façon, ça n'a plus d'importance puisque tu vas bientôt sortir.

– Bientôt ?

– Dans un mois et demi.

– Sérieux ?

– Tu seras dehors au printemps, c'est Fabrice qui l'a dit.

– Répète, j'y crois pas.

Je répète. Il ne se lasse pas. Je répète. Suis-je absolument sûr de la conditionnelle ? N'est-ce pas un moyen trouvé par Fabrice pour que nous patientions ? Une fois les deux mois passés, il sera ennuyé : finalement ça ne marche pas, Kamel a encore sept mois à pourrir dans ce trou à rats.

– Ce trou à rats, tu le quitteras entre le 20 et le 25 mars, parole d'homme.

– Dès ce soir, je rangerai mes affaires au fond de mon sac.

Il éclate d'un rire que je ne lui connaissais pas, voisin du sanglot il faut l'avouer, puis se penchant, se saisit de ma main pour me mordre le poignet : pas fort, comme un chien qui joue. Je laisse échapper un petit « aïe ! », par jeu moi aussi.

– Si t'étais pas réel, je serais pas réel, dit-il.

Je crois que nous faisons partie du rêve de quelqu'un qui nous veut du bien. Ma croyance s'arrête là, c'est déjà une foi peu commune. Au quotidien, ma vie gagne une saveur nouvelle. Angine et mal de dos se sont envolés : je m'imagine jeune homme frais et vif, dont ce polisson de Nicolas prétend qu'il pète le feu. Pas de raison de me séparer de lui lorsque Kamel rentrera en possession de ses privilèges. Nous ne nous gênerons pas : il aura ses aventures – et je lui en souhaite de moins abruptes qu'avec Laura –, je tenterai de préserver les miennes. Elles n'altéreront pas ce qui s'est construit entre nous que, l'euphorie de la promesse de liberté aidant, je pense indestructible. Et si je me berçais d'une illusion, si, dans un an, il ne restait de nous que la mémoire d'une terre brûlée ?

Il ne s'agit pas de voir les choses trop en bleu ou trop en noir. Je les prendrai telles qu'elles viendront. Pour l'instant elles me sourient. Je me remets avec plaisir à des activités que j'avais supprimées : je retourne au théâtre, au concert, j'achète des disques. Les livres que je lis ne me semblent plus insipides. À l'Hôtel Drouot, où Claude et moi avions nos habitudes, je me porte acquéreur d'une huile de Christian Bérard, *Paysage du bois de Vincennes*. Dans une atmosphère automnale, on distingue une silhouette de profil au premier plan qui a l'air d'en guetter une autre sous les arbres plus loin. Outre son harmonie exquise, sa mélancolie, le tableau célèbre à mon unique intention cette nuit au bois de Boulogne où un jeune égaré s'est approché d'un écrivain au creux de la vague.

Prévue depuis longtemps dans la galerie du frère de Jérôme, a lieu une exposition d'œuvres de Claude qui succède à une rétrospective de ses dessins au musée d'Uzès. Tous nos amis sont présents et – c'est une banalité de l'affirmer d'un artiste disparu mais tant pis ! – Claude demeure présent avec nous. Présence invisible au milieu de ses chaos de rochers ou sur ses places désertes de village, présence secrète, incontestable. Dans son ultime toile, située près d'un canal vénitien, que la maladie ne l'a pas autorisé à achever, Claude a placé – ce qu'il ne faisait jamais – une silhouette, de profil comme chez Bérard, appuyée à un réverbère. « C'est toi », m'a dit Kamel sans hésiter dès qu'il a découvert la peinture dans mon appartement. C'est moi en effet – une allusion à moi plutôt – et nul ne s'en était rendu compte. Ému, je l'aurais été à moins. Je me souviens avoir dit : « Tu es un petit génie. »

À propos de génie, je suis témoin au parloir, dans l'étroite salle d'attente où les postes de télé pendent du plafond, d'une conversation entre deux quinquagénaires pleines d'entrain (peut-être est-ce mon entrain nouveau que je leur prête) :

– Vous avez vu, madame, cette histoire du gosse qui a réussi son bac à douze ans ?

– On ne parle que de lui dans le journal. Lui et son QI.

– QI exceptionnel : il possède six langues sur le bout du doigt.

– C'est pas toujours utile.

– Il a passé avec mention un concours de piano et un concours de trompette.

– Pas utile du tout.

– Il a résolu des équations à je ne sais combien de degrés. Fantastique !

– Oui, bon.

– Il a battu un champion d'échecs. Extraordinaire ! Il a été reçu par le président de la République.

– Écoutez, madame, franchement : moi un fils de cet acabit, je n'aimerais pas en avoir un !

Je serais curieux des exploits de celui qu'elle va visiter, mais je me réjouis de son exaspération. Kamel, à qui je rapporte le dialogue, ne le trouve pas très amusant :

– C'est une pauvre femme qui défend son pauvre con de fils.

– Justement.

– Justement quoi ?

En ce moment rien ne l'amuse. Son demi-sourire s'est restreint au quart de sourire.

– Souris, Kamel, dans quelques semaines, tu sors...

– Faut que tu m'excuses, je sais que je suis idiot : j'arrive toujours pas à y croire.

– Fabrice t'a envoyé la demande à adresser au juge d'application des peines ?

– Oui.

– Tu l'as remplie ?

– Bien sûr, je suis pas taré. Qu'est-ce qui me prouve qu'il signera ma libération ?

– Il la signera.

– Chaque soir je fais mon sac, je te l'ai déjà dit. Et chaque matin je le défais quand je m'aperçois que je suis encore dans ce trou à rats.

Il s'y isole de plus en plus, évitant la promenade. Son codétenu l'énerve : il a cessé de jouer aux cartes avec lui. Il regarde la télé toute la journée, la nuit il dort d'un sommeil de brute :

– Je voudrais dormir jusqu'au matin où tu viendras me chercher.

Moi, au contraire, je voudrais ne pas dormir. Rarement je me suis senti aussi entreprenant. En quelques jours j'achève ma pièce, accumule des notes pour un roman, projette de rédiger le catalogue des œuvres de Claude. Je me renseigne auprès d'agences de voyages sur le prix de vols vers l'Asie ou l'Amérique du Sud. Ce sera mon cadeau, que je tiens secret, afin de saluer son retour. À ma visite bihebdomadaire, Kamel me lance son démoralisant « J'y crois pas ». Il me faut la demi-heure pour le convaincre qu'il doit y croire.

Février, mars. Le dénouement approche sans que la situation se modifie. Durant nos rencontres au parloir, nous avons de la difficulté à ne pas répéter, lui : « j'y crois pas », moi : « tu dois y croire ». Dans cette cabine, nous ne parvenons plus à échanger que des mots extérieurs à notre tendresse. Cette cabine ne nous est plus du tout familière, nous ne l'habitons plus, elle n'existe plus. Nous nous attrapons les mains, nous les serrons et elles restent serrées sur la table de pierre sans que nous nous souciions du surveillant : lui aussi n'existe plus. Nous ne sommes plus ici, nous ne sommes pas ailleurs. Nous sommes en transit.

Le juge d'application des peines a tranché : Kamel sera libéré le vendredi 24 mars. Le mercredi 22, je gare ma Twingo sous les peupliers idiots. À l'idée que, la semaine prochaine, je ne marcherai plus vers le bâtiment ignoble, je tremble de plaisir. J'y crois pas, comme dirait Kamel. À proximité de la porte, stationne le petit troupeau composé en majorité de femmes et de gamins. L'un d'entre eux, de cinq ou six ans, lance une Jaguar miniature qui termine sa course dans mes pieds. Comme je me baisse pour la ramasser, il la récupère avant moi : « Enculé ! » me dit-il. Par réflexe, je lui rétorque : « Enculé toi-même, morveux ! » Il marque une seconde d'arrêt puis se précipite en hurlant vers sa mère, déjà chargée d'un bébé. Pas fier, je m'attends à affronter une furie, d'autant que le monstre me désigne du doigt. La mère me considère d'un œil morne et c'est tout.

Cette fois, au récit de l'épisode, Kamel éclate d'un vrai éclat de rire qui n'a plus de rapport avec un sanglot. Excellent prélude pour notre adieu à la cabine d'aujourd'hui et à ses sœurs jumelles :

– Adieu, dis-je, à la table de pierre. Adieu aux tabourets. Adieu à la couleur de merde des cloisons.

– Adieu aux baisers de mon tonton, pardon, de mon parrain.

– Après-demain, je viendrai te chercher à neuf heures... le gardien d'en bas m'a annoncé que tu quitterais la prison entre neuf et onze.

– Moi je serai prêt dès sept heures.

– Avec ton sac.

– Mon sac, en fait y aura dedans que les papiers et les lettres. Les vêtements je les donnerai. Je conserverai rien de ce que j'ai eu ici, sauf ce jean et ce pull à col roulé.

– Marron, j'aime pas trop.

– C'est celui que j'avais au procès, il m'a plutôt réussi. Dehors, je le jetterai.

Je lui promets qu'on achètera de nouveaux habits, de nouvelles chaussures, ce dont il aura envie : du parfum, des disques, du shit. Et puis on invitera nos amis à un dîner au restaurant, on fera la fête.

– Pas tout de suite, Cricri. Faut me laisser le temps de me réhabituer.

– Tu auras le temps que tu voudras.

– Après-demain, j'aurai besoin que de toi. On foncera direct à la maison. Et là, tu verseras du gel moussant dans la baignoire et je resterai une éternité dans l'eau. Je me sens tellement sale depuis sept mois.

Il se remet à rire en feignant de s'ébrouer sous une douche. Soudain il stoppe sa clownerie :

– L'autre soir, j'ai fait un rêve... pas exactement un rêve... je dormais pas... j'imaginais ma sortie... plein de soleil... les gens... et parmi les gens, j'essayais de te trouver... t'étais pas là.

– Tais-toi, j'apprécie pas ce genre de mélo.

– Pas spécialement triste... je comprenais que tu m'avais aidé et que t'étais pas là parce que t'avais plus à m'aider... j'étais libre sans toi.

– Tu seras libre avec moi.

– Si tu viens après-demain...

– Kamel, cesse ce jeu idiot. Tu sais que je viendrai.

– Si tu viens, ce sera le plus beau jour de ma vie.

Le plus beau jour de sa vie

Le 24 mars, j'arrive en avance à la prison. À neuf heures, j'assiste à l'appel et vois entrer le petit troupeau familier. Restent une dizaine de personnes qui attendent. Un homme s'approche timidement du guichet à côté de la porte. Étant juste derrière lui – je lui ai emboîté le pas car je savais qu'il allait poser la question qui me brûlait la langue –, je l'entends demander en effet : « Quand sortent-ils, les libérés ? » Le gardien répond : « On peut pas vous dire... sortiront dans la matinée... il fait beau, promenez-vous. »

Il fait beau. Ciel bleu, air sec. Où se promener ? Pas une allée à cent lieues à la ronde. Où s'asseoir ? Sinon à l'intérieur de l'abri répugnant qui ressemble à un wagon désaffecté : nausée garantie. Où boire un verre ? Il n'y a pas la moindre buvette. Il n'y a rien.

La première heure s'écoule. Debout à une vingtaine de mètres de la porte, je ne la perds pas des yeux. Elle ne s'ouvre que pour laisser passer le petit troupeau qui s'en va après la visite. Je reconnais la lectrice d'Agatha Christie, la mère du garçon qui en a pris pour treize ans et que je ne reconduirai pas à Paris. Alors que nous n'avons plus parlé depuis notre rencontre, elle vient me saluer : « Votre filleul... c'est aujourd'hui ? » Elle paraît si triste que j'ose à peine le lui confirmer : « En principe. » Elle regagne l'arrêt du bus.

À dix heures trente, une femme sort. Un squelette de femme. Visage hagard de junkie, peau tirée sur les os, lèvres happées de l'intérieur sans doute à cause de l'absence des dents. Elle dresse les bras au-dessus de la tête en signe de victoire. La dernière fois que j'ai vu faire ce geste, c'était par un touriste américain que photographiait son épouse devant le paysage et les ruines sublimes de Delphes : on devine le ridicule de la pose. Ici, avec cette femme épuisée sur fond de béton, on atteint au pathétique du cauchemar. Deux autres femmes courent dans sa direction. L'une lui offre un bouquet de roses, l'autre l'entraîne vers une vieille 2 CV où les trois ne tardent pas à s'engouffrer.

Quelques hommes – à raison d'un chaque dix minutes – franchissent la porte de la liberté. Embrassades des compagnes, des frères, des enfants. J'ai froid et une envie monumentale de pisser. Bien sûr, comme il n'y a rien, il n'y a pas de toilettes.

Au bout de la douzième libération – j'ai compté –, je me rends au guichet, inquiet face au gardien : ne me suis-je pas trompé de date en ce qui concerne Kamel ? Il consulte son registre : non, je ne me suis pas trompé, il suffit d'être patient, sa sortie est imminente.

Onze heures. Toujours pas sorti. Onze heures et quart. Je dois absolument pisser n'importe où. Je m'éloigne de l'entrée et résous de me soulager en tournant le dos à la prison. Lorsque j'ai terminé, au moment où je me remets dans le bon sens, j'aperçois Kamel enfin sorti, qui me cherche.

Je l'appelle. On se précipite. On se télescope. On s'étreint.

Il a son pull marron, son jean, son sac léger que je lui porte.

Je n'écoute pas ce qu'il me dit, il n'écoute pas ce que je lui dis. On dit : « Ça va ? – Ça va. – Et toi ? – Ça va. – Ça va bien. »

On monte dans la Twingo, garée près des peupliers idiots que je me jure de ne plus revoir de ma vie.

On démarre. Je suis au volant. Il pose son bras sur mes épaules. Je pose ma main sur sa cuisse. On dit encore : « Ça va ? – Ça va. – Et toi ? – Ça va. – Ça va bien. »

On aborde l'autoroute. Je retire ma main. Il retire son bras. Sur mon épaule, à la place, il pose sa joue.

Je double une voiture, puis deux, puis vingt.

– Faudrait pas qu'on ait un accident, dit-il.

Table

Du même auteur

Le Jeune Homme à la Licorne
Seuil, 1966
rééd. Éditions du Rocher, 1994

Une leçon particulière
Seuil, 1968

Une poignée de sable
Seuil, 1971

Mémoires d'un traducteur
Entretiens avec Maurice-Edgar Coindreau
Gallimard, 1974 et rééd. 1992

Les Insulaires
Seuil, 1976
et « Points » n° 548

La Reine de la nuit
Théâtre
L'Avant-Scène, 1977

Une affaire de famille
Prix Valery Larbaud
Seuil, 1981
et « Points Roman » n° 174

Le Chant du bouc
Théâtre
L'Avant-Scène, 1981

Le Point de fuite
Seuil, 1984

Station balnéaire
Prix Renaudot
Gallimard, 1986
et « Folio » n° 1941

Première Jeunesse
Théâtre
Actes Sud-Papier, 1987

Double Express
Gallimard, 1990

Quartiers d'Italie
Prix Jean Freustié
Éditions du Rocher, 1993
et Gallimard, « Folio » n° 2866

Jacques Noël
Entretiens
Bibliothèque historique de la Ville de Paris, 1993

Les Lunatiques
Théâtre
Grenier des Mathurins, 1993

Celui qui s'en va
Seuil, 1996

Fragments tunisiens
Éditions du Rocher, 1998

Bons Baisers du Lavandou
suivi de Bécassouille
Théâtre
Éditions du Rocher, 2000

Karamel
Théâtre
Seuil, 2002

RÉALISATION : PAO ÉDITIONS DU SEUIL
ACHEVÉ D'IMPRIMER PAR CORLET IMPRIMEUR S.A.
14110 CONDÉ-SUR-NOIREAU (FRANCE)
DÉPÔT LÉGAL : FÉVRIER 2002. N° 32614
N° D'IMPRIMEUR : 57051. IMPRIMÉ EN FRANCE